蜕变
Transmutation

中国儿童护理品牌
青蛙王子的成长秘密

本书编写组·········著

人民日报出版社
北京

图书在版编目（CIP）数据

蜕变：中国儿童护理品牌青蛙王子的成长秘密 /《蜕变：
中国儿童护理品牌青蛙王子的成长秘密》编写组著. --
北京：人民日报出版社，2019.12
ISBN 978-7-5115-6259-3

Ⅰ. ①蜕… Ⅱ. ①蜕… Ⅲ. ①儿童－皮肤用化妆品－化妆品
工业－工业企业管理－经验－漳州 Ⅳ. ①F426.78

中国版本图书馆CIP数据核字(2019)第278040号

书　　名：蜕变：中国儿童护理品牌青蛙王子的成长秘密
作　　者：《蜕变：中国儿童护理品牌青蛙王子的成长秘密》编写组

出 版 人：董　伟
责任编辑：曹　腾　季　玮
装帧设计：主语设计
版式设计：大有艺彩

出版发行：人民日报 出版社
社　　址：北京金台西路2号
邮政编码：100733
发行热线：（010）65369527　65369512　65369509
邮购热线：（010）65369530　65363527
编辑热线：（010）65369523　65363486
网　　址：www.peopledailypress.com
经　　销：新华书店
印　　刷：大厂回族自治县彩虹印刷有限公司

开　　本：710mm×1000mm　1/16
字　　数：120千
印　　张：14.5
版次印次：2019年12月第1版　2019年12月第1次印刷

书　　号：ISBN 978-7-5115-6259-3
定　　价：68.00元

蜕变历程

🐸 上 1994 年，不足 300 平方米的租用民房

🐸 下 青蛙王子两位创始人下生产

🐸 上 2001 年，搬迁至 2000 平方米租用厂房

🐸 下 外籍顾问 Jamie 与青蛙王子研发人员交流探讨

2004 年，乔迁至 2 万多平方米的自建厂房

🐸 上 2015 年，搬迁至占地近百亩的青蛙王子工业园

🐸 下 青蛙王子办公大楼

🌱 青蛙王子动漫广场

青蛙王子国内产品展示厅

⚘ 2005 年，推出第一部 100 集的青蛙王子动画片《青蛙王子》，开创差异化的动漫营销

⚘ 第二部动画片《蛙蛙探险队》

第三部动画片《蛙蛙学校》

2011 年，青蛙王子集团公司在香港联合交易所主板上市

2011 年，李振辉董事长随中国商贸代表团访美

2013 年，全国唯一"中国儿童化妆品标准化研究基地"落户青蛙王子

2013 年，全国首个"华南理工大学应用化学系儿童化妆品科研基地"落户青蛙王子

① 2015 年，发布中国儿童日化行业第一个企业社会责任体系

《中国儿童护理蓝皮书》

🐸 2017 年，漳州市龙文区首个"维护妇女儿童合法权益巡回服务点"落户青蛙王子

🐸 2018 年，"道路交通安全宣传教育基地"落户青蛙王子

🌰 李振辉董事长与央视少儿频道总监盛亦来及央视著名少儿节目主持人鞠萍姐姐合影

🌰 李振辉董事长与央视著名主持人尼格买提、月亮姐姐合影

本书编写组

总 策 划　李振辉

总 编 辑　谢金玲　李周欣　刘新平　葛晓华

执行主编　张一强　王嘉嘉　何小燕　胡佳丽

编　　委　纪翔中　刘　琳　李　晶　付冬晨

　　　　　左雨逢　庚雪姣

序 · 初心与未来

——写在青蛙王子创立25周年之际

李振辉

　　一路艰辛，一路收获。一同携手，一并向前。伴随改革开放和经济建设的脚步，在政府部门、行业协会、合作伙伴的悉心关爱下，在广大消费者的鼎力支持下，在全体员工的执着努力下，青蛙王子在25年的风雨兼程中，逐步实现了自身的成长和蜕变。我常想，我们这家企业属于"长跑型选手"，耐力与恒心是我们的优势，能够确保企业在市场演进、产品迭代和业务调整中保持定力、改进提升。正如此刻，我们手握着这张25年的"成绩单"，也仍将以当年创业时的那个梦想、那份执着，同时以更加坚定的信心、更加坚实的脚步，向着前方，向着更远的未来奔跑。

　　从一间普通民房，到数万平方米的观光式工厂；从屈指可数的员工，到专业化人才梯队；从行业"小白"，到发布中国首部儿童护理蓝皮书；从名不见经传的日化企业，到走出国门的婴童护理知名品牌……一切的从无到有，从小到大，从弱到强，从工厂到公司，再从公司到集团，是什么伴随着我们一路走来？砺沙淘金，如果说企业在创建、成长和发展过程中，有什么规律、干货或"秘诀"的话，那这些"金科玉律"就是扎根于每一个员工心中的那个共识、那份理念，始终不变，越发清晰。

　　坚守初心，以执着和担当做企业。既然选择了远方，就只顾风雨兼程。创业的过程，如同培育一颗种子、呵护一株幼苗，不但需要耐心和坚持，还需要信念和担当。"做全球婴童护理行业的领导者，为孩子们提供更安全、更放心、更专业的护理用品"，25年来，这份初心和使命，已然渗透企业发展的方方面面。不忘初心，方得始终。今天看来，也正是当初的这份执念，才能转化成为不竭的动力，支撑着我们砥砺前行，成就今天的积累与业绩。一路走来，我有幸与一大批志同道合的青蛙王子人互敬互勉、互补互助，把艰辛工作演绎成创造性的事业，把平凡工作积淀成宏伟的业绩，把心中梦想扩大成对全国儿童的呵护。

　　传承匠心，以专业和创新做产品。消费升级时代的来临，用户和市场对产品的要求和体验在不断提升。我们在产品上面从来都精益求精，绝不含糊，坚持以工匠精神为消费者，特别是为孩子们的健康成长雕琢、打造优质安全的产品。青蛙王子在创立初期，就推行包括原材料采购、卫生标准、生产制度、工艺流程、市场营销等环节在内的全流程规范管理，在抠流程、抓细节的同时，深度挖掘并整合国内外研发力量，不断强化科技创新。因为我们始终坚信，唯有着眼消费者的所想、所需并坚持创新，在"千锤百炼"之后打磨出来的产品，才能赢得市场的青睐，赢得消费者的口碑。这一过程看似烦琐、细碎，但确实能够为实体企业的发展降低隐性成本，也为提升生产效率、保证产品质量打下了坚实的基础。如今，工匠精神已然成为青蛙王子的成长基因。

恪守良心，以品质和诚信做经营。如果说创新决定一家企业能飞多高，那么品质则决定了他们能走多远。随着商业环境的不断成熟，"信用"注定将成为个人与企业最大的核心资产。作为一种无形资产，企业信用是在一次次危机中铸就的。我们在25年创业路上的重要体会之一，就是想要行稳致远，产品品质、用户体验是核心和法宝。少年儿童是祖国的希望、民族的未来，儿童护理更是良心产业，容不得半点虚假。一路走来，我们的面前不时有诱惑、有迷雾、有重压，但我们始终没有犹豫和徘徊，总能迅速找到正确的方向，并坚定地向着这个方向前进。一场场危机，也总能在诚信合作的理念下得到圆满化解，也让企业的信用资产在发展中不断得到提升。这过程中，就是一份良心和诚信，在强有力地支撑着我们的每一个抉择。

传递爱心，以感恩和责任做公益。企业的发展如同幼苗成长，离不开脚下的沃土、头顶的阳光、身边的空气和园丁的培育。25年来，我们得到来自政府部门、行业协会、合作伙伴、市场用户以及新闻媒体等各个方面真诚的帮助，彼此形成了真心的信任，结下了真挚的友谊。"共赢、创新、匠心、激情、诚信、敬业"，这12字是我和企业全体员工们秉持的价值观。自创业以来，企业员工以及合作伙伴早已融合成为一家人，这也让我们在共同经历多次生死关头之际，都能够齐心合力，协同作战，共渡难关。而25年来，我们始终以自己的方式，将这份关爱回馈出来、传递出去，让企业的社会责任化为春泥，呵护祖国的未来的花朵。投资制作百集原创动画片《青蛙王子》，传播中国优秀传统文化，为孩子们送上优质的精神文化产品；连续举办"守护童年"公益夏令营，关爱贫困青少年群体；走进学校举办公益讲座，传播儿童口腔护理科学知识；邀请专家开展多场次的"公益大课堂"；响应政府号召为抗击"非典"、抗震救灾等捐献爱心……每一次爱的传递，就是企业和用户、和社会之间的一次良性互动，是正能量磁场效应的几何倍数放大。

充满信心，以目标和人才创未来。对于青蛙王子来说，我认为这25年来积累下来的最大财富，不是我们的优美的厂房、强大的产能，以及行业的美誉，更不是上市的资本，而是我们多年打造出来的一支不断进取、不断成长、持续创新，还能够共同面对任何困难和挑战的员工队伍及合作伙伴。很多员工，以及经销商、供应商、客户等合作伙伴，风雨随行，并肩克难，我从他们的身上也深知，一定要学会如何感恩。因为如果没有他们的一心相伴，青蛙王子很难走到今天。也正是基于大家对青蛙王子的信任与支持，让我更加坚信"让全世界的孩子拥有健康快乐的童年"是一个值得终身付出的事业和守护的诺言。

百尺竿头，更进一步。25年的积累和成果，不仅证明了我们过去的坚守和付出没有白费，更让我们坚定了未来的使命和方向。这份信心，这份执着，将支撑我们继续提升品质，开拓市场，追求卓越，打造中国一流、全球共享的儿童护理品牌；这份信心，这份执着，将支撑我们以人为本，团结携手，以科学流程、人性管理、智能制造，继续经营好企业这个大家庭、大舞台、大学校，在实践中培育锻造出更多适应现代企业发展需求的人才梯队；这份信心，这份执着，将支撑我们继续扎根家乡，建设家乡，为漳州、为福建的区域经济建设发展再立新功，为中国民族工业的振兴发挥一己之力。

回望25载的创业之路，我们不断地突破自我、改变自我、成长自我。作为一名始终在企业一线打拼的"老兵"，多年的实战历程，让我亲眼目睹了太多的商海沉浮。25年的风雨历程，更让我对创业有了不同以往的深刻理解。希望通过《蜕变》这本书，不仅仅铭记一家中国典型民营企业25年的奋斗成长之路，也能够进一步展示本土品牌，分享创业经验，传播公益爱心，回馈社会关注，共同携手助力民族工业的繁荣与发展。

序·25年的思考与期许

陈少军　中国香料香精化妆品工业协会理事长

25年峥嵘岁月，从幼幼蝌蚪到声声蛙鸣，青蛙王子用25年的努力与坚持亲身实践了一条商业真理：相信"相信的力量"。25年前，正是李振辉董事长坚信自己的梦想下海创业，才造就了青蛙王子；在重重考验面前，正是坚信儿童护理市场未来的光明前景，青蛙王子用25年的耕耘，坚守"安全是底线、品质是保障、诚信是生命"的理念，穿越一次次低谷，克服一个个难关，从而成为中国儿童护理用品知名品牌……

《蜕变》这一书名，让我不禁感慨，这不仅是青蛙王子25年的造梦史、追梦史和蜕变史，更见证了中国化妆品行业25年来从弱小到壮大，如今蜕变为拥有全球五分之一化妆品市场份额的参天大树。

改革开放40多年来化妆品行业一直保持着两位数的复合增长率，如今，我国化妆品行业市场总规模已超过4000亿元，在全球化妆品市场份额中占比12.7%，稳居全球第二大化妆品消费国地位，充分显示了其作为朝阳行业的魅力。

另一方面，目前我国人均化妆品消费额约为45美元，远低于欧美日韩等国普遍200美元以上的人均消费水平，而随着我国居民可支配收入和消费支出双增长的趋势，国内化妆品人均消费必将持续提升，不断缩小与发达国家的消费水平差距。这又充分显示了化妆品行业的发展潜力。

儿童护理用品作为化妆品行业的一支，随着二孩政策的全面落实推进，00后、10后儿童的茁壮成长，新一代年轻父母必将成为儿童用品消费的主力军。可以预见的是，未来10年中国儿童护理市场将稳定持续增长。

多年以来，我一直在不同场合反复强调，品牌、品牌，有品才有牌。化妆品行业较之其他行业，品牌效应尤为突出，而中国的化妆品企业要做强、做大、做好自己的品牌，必须把产品品质放在第一位。而品质提升的本质是研发，是持续不断的科研投入。唯此，才能满足消费升级带来的产业升级的需求，才能自立于世界化妆品品牌之林。

25年前，李振辉董事长用自己的胆识与眼光，跳出体制，投身改革开放的创业浪潮之中，一路摸爬滚打，历经重重考验，仍初心不改，让人们看到了知名化妆品品牌的韧性、崛起与希望。25年后，"青蛙王子"品牌荣获"新中国成立70周年70品牌"殊荣，在新时期下，站在新的起点，开启了新的征程。作为中国儿童护理用品行业的知名品牌，青蛙王子不断提升产品质量标准，并率先提出多个行业标准，完善产品标准体系，在化妆品行业转型升级的过程中，产生了强大的推动作用与示范效应。在这里，我衷心地祝愿：青蛙王子不忘初心，在市场地位、品牌效应、品质保障等方面，再创辉煌。

本书取名《蜕变》，不仅是青蛙王子对过去25年的思考与总结，更是青蛙王子对未来的信心与期许。对青蛙王子而言，25年不仅是一部让人激情澎湃的创业史，更让人们看到了日化民族品牌未来的希望。

值此成立25周年之际，希望青蛙王子继往开来，在儿童护理用品领域持续创新，做深、做实、做好、做久，为全世界的孩子带来更健康、更安全、更快乐的童年守护。

祝青蛙王子25岁生日快乐！

第一章

25年"变形计"

从民房里成长的知名品牌

2019年，在新中国成立70周年之际，青蛙王子入选"新中国成立70周年70品牌"，成为福建省唯一获此殊荣的儿童护理品牌。青蛙王子用25年的坚守与创新，不断诠释着儿童护理用品知名品牌的时代意义，在促进中国儿童护理用品不断向质量效益型增长转变的路上砥砺前行。

25年前，青蛙王子从一间民房里孕育而生，从创立之初的懵懵懂懂，到进入新世纪在儿童护理用品市场的一举成名；从进军海外市场的置之死地而后生，到成为中国儿童护理用品的知名品牌，青蛙王子经过25年的发展，已从市场导向到品质溢价，并逐渐进入品牌力不断提升的全新阶段。以产品质量的持续提升为基础，以不断赋予企业品牌更多时代内涵为核心，打造中国儿童护理用品的知名品牌，无疑成为青蛙王子的专属气质和历史使命。

打造儿童护理品牌的专属气质

20世纪90年代，改革开放的春风吹遍神州大地。随着人们消费能力的不断提升，市场消费品不断丰富，市场细分趋势愈加明显。青蛙王子在创业初期前瞻性地看准儿童护理市场，以壮士断腕的勇气，破旧立新，发力儿童护理这一细分领域，并在企业内部和市场开拓中强调品牌意识，成为当时中国日化企业中最早一批拥有品牌自主意识的先行者。

在这一时期，李振辉作为创始人更多地赋予了青蛙王子特有的品牌气质，敢打敢拼、诚实守信的人格魅力，让青蛙王子拥有了一批忠实可靠的合作伙伴，这也成为青蛙王子在日化行业的金字招牌。不论是创业起步阶段，还是市场突围时期，青蛙王子凭借过硬的品牌效应和行业口碑，迅速在儿童护理市场站稳脚跟。

进入新世纪，通过重庆展销会的一战成名，青蛙王子创新性的品牌形象得到了全国范围内的市场认知。在外资日化品牌不断进入中国市场的新时期，李振辉深知在激烈的市场竞争中，质量和品牌是有机的统一体，质量是品牌的保障，品牌是质量的象征。随着青蛙王子品牌美誉度的不断提升，夯实生产基础和能力、不断提升品质溢价力，成为青蛙王子在新世纪初期的战略重点。

通过建设高品质、高标准的"现代化生产车间",青蛙王子在创业的第一个十年,就实现了远超国内大多数竞争对手的生产布局。正是有了生产高质量产品的能力和底气,青蛙王子才有了承接国外品牌生产订单的"金刚钻",从而成功进军海外市场,并在2008年的国际金融危机中转危为机,实现从贴牌代工到跨国并购的历史性跨越。青蛙王子不但通过引进、吸收、消化、再创新,创造了属于自己的管理模式,更让青蛙王子的产品品牌、企业品牌都得到了国际市场的充分认可。

经历了国际金融危机的洗礼,青蛙王子品牌的张力、韧性和活力得到了市场的高度认可,而通过创新性地跨界打造动漫IP,则让青蛙王子意识到讲好"品牌故事"的重要性。为青蛙王子注入更多的文化内涵,促进品牌在全球范围内的文化交流与价值认同,成为实现"中国产品"向"中国品牌"转变的关键。

2012年5月,"青蛙王子"品牌入选中国母婴用品护理行业十大标志性品牌,开启了青蛙王子品牌发展的新篇章。青蛙王子持续为推动儿童护理行业良性健康发展而努力,通过结合企业资源优势,联合行业力量,发布《中国儿童护理蓝皮书》,打造育儿科普平台的"公益大讲堂",开展守护童年"第一课"公益夏令营,以及不同形式、不同内容讲述青蛙王子的"品牌故事",持续挖掘和培育青蛙王子品牌专属的文化气质。

另外，通过不断完善和提升产品的标准体系，青蛙王子在新时期诠释着"一流企业做标准"的品牌故事。从产品系列的布局到产学研相结合的研发体系，青蛙王子成为名副其实的中国儿童化妆品标准化研究基地，为青蛙王子品牌赋予了专属的产品气质。

新起点，新征程

如今，上到国家宏观层面，中至行业发展现状，下到企业市场生存，对品牌的打造和重视都达到了全新的历史高度。从国家层面来讲，2016年6月20日，国务院印发的《关于发挥品牌引领作用推动供需结构升级的意见》提出，品牌是企业乃至国家竞争力的综合体现，代表着供给结构和需求结构的升级方向。发挥品牌引领作用，推动供给结构和需求结构升级，是深入贯彻落实创新、协调、绿色、开放、共享发展理念的必然要求，是今后一段时期加快经济发展方式由外延扩张型向内涵集约型转变、由规模速度型向质量效率型转变的重要举措。

从行业层面来看，国内品牌与国际品牌在品牌效益上依然存在较大差距。主攻中低端市场的国内化妆品品牌，产品附加值低，品牌溢价无法真正体现企业实力。因此，加快品牌力的培养成为国内化妆品行业赶超国际化妆品行业的必要条件。

从市场层面来看，随着我国经济发展，居民收入快速增加，中等收入群体持续扩大，消费结构不断升级，消费者对产品和服务的消费提出更高要求，更加注重品质，讲究品牌消费，呈现出个性化、多样化、高端化、体验式消费特点。

心怀"品牌强国"梦想的青蛙王子，一直致力于成为中国儿童护理用品的民族品牌。如今站在新时期发展要求下的行业窗口，青蛙王子正不断提升自主创新能力，促进产品品质赋能品牌价值提升；不断加快品牌创新能力，推动品牌建设从传统营销向资源整合增长转变；不断加大品牌传播能力，讲好中国儿童护理品牌故事。

青蛙王子用25年讲述了一个行业知名品牌的成长故事。来到新的起点，青蛙王子将不忘初心，继续为树立"民族品牌"而坚守奋斗，将中国儿童护理的品牌故事传遍全球。

断臂求生的市场逆袭

不忘初心，方得始终。

一家企业的创办初心是什么，在很大程度上决定了这家企业未来将走什么路、如何走，能走多远。作为中国儿童护理用品行业的知名品牌，青蛙王子从诞生之初，就明确了一条充满想象力的发展之路，那就是"让全世界的孩子拥有健康快乐的童年"。

"希望从宝宝出生到茁壮成长都能够有青蛙王子相伴。"这句话让青蛙王子创始人李振辉坚信，儿童护理用品这一"永远的朝阳行业"，值得自己不顾一切地付出。这也注定了青蛙王子和李振辉本人与"儿童守护者"这一角色无法分割。

砸掉"金饭碗"

1994年，对于别人来说，或许不是什么特殊年份，但对于李振辉来说，却是生命中意义非凡的一年。作为漳州老牌的国有企业片仔癀制药厂的一名普通工作人员，日子过得虽然平淡，但是在旁人眼中，李振辉也是捧着一只稳稳当当的"金饭碗"。然而，李振辉并不安于现状，一股强烈的欲念总是撩拨着他心弦——假如有一天，自己也能够拥有一家像片仔癀这样的企业，该有多好。

在坚定的信念下，李振辉毅然辞去制药厂的工作，与志同道合的邻居谢金玲，在漳州湖内公园路28号租用了一间不足300平方米的民房，召集了10来名员工，开始了艰难的创业之路。企业取名"双飞"，寄寓两位创始人比翼齐飞，携手开拓出一片广阔天地的美好愿望。

万事开头难，虽然有过化妆品销售的经验，但真正要创立起一家独立完整的日化产品企业，这些远远不够。人员不足、缺乏管理经验、品牌知名度尚未打响……接踵而至的一系列问题令初次创业的李振辉应接不暇，一点喘息的机会也没有。而其中最令他感到头疼的，还是生产技术问题。日用化学品生产是专业性较强的行业，而做销售出身的李振辉对此几乎是门外汉。

开弓没有回头箭，不管多么艰难，李振辉咬咬牙，硬是扛了下来。身为厂长的他，既当工人，又当送货员，同时还身兼财务员、维修员等数职。这样一来可以缓解人手不足的问题，二来在各个岗位的实际操作中，李振辉学到了不少企业经营管理所必需的知识。在这样艰难的情况下，咬牙坚持了三年的双飞终于挺过了寒冬，迎来创立之后的首个春天。

断臂求生式转型

1998年，李振辉面临着创业四年以来最大的一个挑战。由于创业初期企业规模小、缺乏品牌知名度、销售策略粗放，双飞日化出现货款难收、赊账增多的现象，一度导致资金链非常紧张。那一年，漳州不少化妆品企业纷纷倒闭，一种危机感陡然而生，让李振辉不得不沉下心进行反思，企业未来的出路到底在哪里，如果再这样粗放式发展下去，一定会像其他同行那样走向倒闭的结局。

俗话说峰回路转，在机缘巧合之下，李振辉引进了河南一位经销商——一个营销专业毕业的70后销售能人担任公司的销售总监。他在对公司产品和品牌进行梳理后发现，双飞日化不仅生产儿童护理产品，还生产成人化妆品与其他产品，无法形成较强的市场卖点与品牌效应，多个产品线更是导致生产能力分散、生产效率较低。因此他建议公司聚焦品牌"青蛙王子"，专注做儿童护理用品，这不仅有利于品牌的集中塑造，儿童市场更是充满无限可能的蓝海市场。

经过对品牌定位、产品线、市场营销和商业模式的重新梳理，青蛙王子就这样孕育而生。从诞生之初，青蛙王子就专注于3～12岁儿童的护肤用品，形成了护肤霜、洗发沐浴、儿童牙膏、香皂、花露水等一系列儿童用品，并从此成为青蛙王子的发展核心。

然而，打造新品牌、淘汰老产品，对一个创业初期的企业来说风险极大。一方面老产品的配套生产线和库存产品，都面临着重新洗牌和淘汰，对已有的经销商网络也会形成一定的不利影响。面对诸多的不利因素和不确定性，一些高管、股东和朋友中出现了不反对但也不支持的沉默局面。这一切都考验着李振辉的发展魄力和管理智慧。毕竟，倾注大量资金、资源发展新品牌，这无异于断臂求生。

置之死地而后生，对敢于跳出体制下海创业的李振辉来说，企业不转型只能是坐着等死。所以，1998年成为青蛙王子的重要战略转折点。李振辉深知对目标消费群体的精准定位，能有效避免与市场上强大的内外资竞争对手展开正面交锋。通过"对区域市场进行差异化区分"，抓住了被强生等知名品牌所忽略的三四线城市的市场机遇，率先以河南省为试验田，组建业务团队，拓展销售渠道。事实证明，李振辉的判断是准确的,青蛙王子受到了经销商、业务人员和小朋友的一致欢迎。坚定了儿童护理这个市场方向,有了清晰的市场战略和发展目标,李振辉带领青蛙王子逐渐走上了发展正轨。

9平方米小展台的逆袭之路

由于是新品牌、新产品、新价格、新模式,对于青蛙王子的转型之路,很多老经销商在面对先交货款后提货,而且需要缴纳一定保证金的新规则面前,无法认可李振辉的破旧立新。这让李振辉不得不考虑开辟新的销售渠道。

2000年,进入新世纪后的第一年对青蛙王子来说有着非比寻常的意义。李振辉亲自带队参加重庆的化妆品展销会。没想到,一个9平方米的小展台,在展会上一炮打响,青蛙王子成为儿童护理品牌的"黑马",在现场很多父母和小孩对青蛙王子的产品爱不释手。

青蛙王子在这次展销会上的一鸣惊人,引来众多经销商争相代理。当时李振辉制定的营销体系是设定一个终端零售价,比如将一款产品的零售价设定为六块钱,出厂价格为三块钱,当经销商达到一定的销售量,再进行年终返利。比起之前在统一出厂价的情况下,经销商自己随意制定零售价格，造成市场销售体系的混乱，新营销体系无疑消除了这一混乱的销售局面。而年终返利的奖励方式，更是在当时的国内化妆品行业属于非常创新的营销模式。

对于代理模式，青蛙王子设定一个省份只用一个代理，并规定缴纳20万元保证金。原本青蛙王子在会场旁边的宾馆只开了一间房间进行代理洽谈，但由于受到众多经销商的追捧，李振辉决定临时加开三间房。即便如此，很多缴纳保证金的经销商依然排队排到了电梯口，以至于宾馆不得不专门安排保安在现场维持秩序。

让李振辉意想不到的是，经过紧张的洽谈，青蛙王子的代理很快就覆盖了全国20多个省份，光保证金就达到400多万元，这在当时对于一个刚起步的新品牌来说，无疑是一个很大的数字。当时甚至有经销商提出100万元现金进行代理，如果当时将20万元提升至100万元，20多个省份加起来就是2000多万元，这对李振辉来说，更是一个天文数字。但李振辉深知如果这样做，将是自毁招商承诺。坚持起初制定的招商规则，让青蛙王子和李振辉本人，一时间在行业内形成了良好的口碑和信用。而通过重庆展销会的一炮而红，青蛙王子旋即进入了快速扩展期。

打造知名品牌

创业之初，李振辉并没有什么宏大的目标，毕竟在漳州这样一个小地方，能生存下来，市场半径辐射福建周边省份就非常不错了。但经过2000年的快速发展，让李振辉萌生了将青蛙王子打造成为儿童护理领域的知名品牌的念头。

在李振辉心里，推动儿童护理行业良性健康发展，为儿童提供专业的、高品质的护理产品，是青蛙王子一直坚守的企业责任。而且青蛙王子完全有能力完成自己的使命：为孩子们提供更安全、更放心、更专业的护理用品。

"作为一个父亲，我面对的是一个孩子；作为一个儿童护理用品企业的负责人，我面对的是全中国超过3亿的儿童。青蛙王子的愿景是让全世界的孩子拥有健康快乐的童年，青蛙王子聚焦3～12岁儿童市场，坚持'滋润'孩子们的肌肤和身心健康，坚持动漫营销和公益营销的道路，我们相信青蛙王子凭借努力，将来一定能成为全球婴童护理用品行业的领军品牌。"李振辉如是说。

四两拨千斤，危机下的品牌突围记

　　进入新世纪，青蛙王子获得重庆展销会大捷后，企业加速发展，开始进入新一轮的快速发展周期。"当时高层设定的目标是在三年内销售额过亿，成为一个有影响力的知名品牌。当这个目标提出来时，我有些不敢相信。因为当时的年销售额才800多万，三年内要做到一个亿，我还是有些疑虑。"李振辉的担心不无道理，虽然2000年后，青蛙王子无论是技术研发实力，还是产品开发理念，已经形成一定的市场竞争力，但是相比行业巨头，仍有相当大的差距。

　　目标已成共识，公司上下的热情空前高涨。李振辉不再犹豫，下定决心要做儿童护理产品的优秀品牌，同时他也明白，企业必须要有质的飞跃才能实现这一梦想。为此，青蛙王子加大旗下产品研发中心的投入力度，不仅形成了强大的研发团队，更聘请多名国外产品研发顾问，学习国际先进的产品开发理念，及时掌握全球行业动态与发展趋势。在新世纪，展开全力一搏。

新起点，新征程

2003年初步完成原始积累的青蛙王子，在漳州买下一块2万多平方米的地皮，并投入大量资金建设新厂房。因为曾经在国有上市公司片仔癀制药厂工作多年，李振辉不仅熟知制药厂的生产标准，也深谙国有企业规范化、制度化的管理方法。李振辉决定新工厂建设参考制药厂的建设标准，高规格，严要求，力争打造一个"现代化的、超前的生产车间"。新工厂虽然规模不大，但在化妆品行业里，青蛙王子敢于率先启用药品GMP的标准设计化妆日用品生产线，并率先在国家ISO9001质量管理体系的基础上，引进了国际ISO14001环境管理体系，以全新高标准的10万级环境净化系统、30条国际领先的专业化流水线领跑业界。数字在这里不仅仅是符号，更是青蛙王子雄厚实力的表现。

走进新建的工厂，李振辉感慨万千。回想起20世纪80年代在片仔癀制药厂厂区散步时，为自己设定的目标，希望将来有一天能拥有一个像片仔癀制药厂那样的工厂，那该有多么美好。没想到只用了10年的创业时间，就实现了这个梦想。

站在新的起点，李振辉为已经在国内三四线城市站稳脚跟的青蛙王子设定了新的发展目标，那就是进军国际市场。

2005年，青蛙王子再次迎来一个阶段性的关键时刻。青蛙王子和美国索罗（solar）公司合作，为其旗下的两个品牌做贴牌加工。索罗（solar）公司作为美国的老字号企业，旗下拥有成人护肤用品、儿童护肤用品等多个品牌。2008年国际金融危机，索罗（solar）公司受到了很大冲击，企业资金链断裂，导致青蛙王子有100多万美元的货款无法收回。经过深思熟虑，李振辉决定收购索罗（solar）公司旗下的两个品牌，并接手了其数千个销售网点。从原来的贴牌加工到品牌的自主经营，盘活整个终端零售网络，并在美国成功注册分公司，青蛙王子的这笔收购，成为中国制造业升级的一个标准样本。

从贴牌代工，到跨国并购，青蛙王子只用了三年时间。李振辉觉得，这三年来和索罗（solar）公司的合作，对青蛙王子的发展起了关键作用。一方面通过与索罗（solar）公司的接触和沟通，青蛙王子本身的品牌定位不断提高。另一方面，企业发展视野也不断开阔，学习到很多国际先进的管理理念、管理经验，并通过引进、吸收、消化、再创新，青蛙王子创造了一种属于自己的新管理模式，为企业今后发展起到了保驾护航的作用。

动漫IP加速品牌影响力提升

随着青蛙王子在国内外市场形成新的发展格局，李振辉深感急需提升品牌影响力和产品附加值，只有这样，才能在未来的市场竞争中，摆脱低水平发展的行业束缚。

2000年后，青蛙王子重新梳理确立品牌定位、渠道拓展之后，呈现出欣欣向荣的发展新局面。这时的李振辉开始考虑通过商业广告片的制作投放，进一步提升青蛙王子的品牌效应和市场知晓度。

或许是冥冥之中自有天定，青蛙王子阴差阳错地选择了一支来自上海美术电影制片厂的制作团队。当广告成片交给电视台时，电视台方面依据自身的经验判断认为这支广告片因为诉求点不清晰，动画元素过多，最终播出效果或许不太理想。

当李振辉向制作团队提出重新拍摄的要求时，他们希望可以改变制作思路，为青蛙王子制作一百集的原创国产动画片。他们认为，动画片不仅能迎合儿童群体的感官，更能通过动画在孩子们心中形成深刻的品牌卡通形象。通过将产品植入，可以更好地培养儿童消费群体。毕竟商业广告的宣传和记忆周期有限，而动画形象可以在潜移默化之中，将品牌形象和产品记忆植入孩子们的心中。另外，动画片还可以进行市场化运作，带来授权营收。再加上当时国家层面从政策和资金等方面正大力扶持国产动画。所以，将商业广告片改作动画片不失为另辟蹊径，或许能获得意想不到的效果。

这无形中暗合了李振辉一直思考的一个问题，那就是如何进行品牌创新，让青蛙王子能像迪士尼的米老鼠、唐老鸭那样，伴随一代又一代的中国儿童成长，成为他们记忆中儿时的"小伙伴"。因此，2005年，李振辉投资了近500万元制作了100集原创动画片《青蛙王子》，让青蛙王子成为国内首家进入动漫文化产业的日化企业。动画片制作出来后，因为当时原创动画市场正面临青黄不接的情况，各地方少儿频道都没钱付款，李振辉果断地作出了一个决定，免费授权地方电视台的少儿频道进行播放，但要在动画片中都加入"青蛙王子"30秒的贴片广告，从而间接置换到相应的广告播出资源，以此方式使传播渠道快速覆盖上百家地方电视台，在三四线城市实现了强有力的品牌传播与产品覆盖。也因此，"青蛙王子"品牌一下子被众多小朋友所熟知，并奠定了现在青蛙王子"动漫营销"的经营思路。

从2005年至2008年，动画片《青蛙王子》在央视少儿频道黄金强档和全国100多家地方电视台循环播放，为线下市场构建了一张庞大的营销网络，并在短短几年的时间内，让青蛙王子迅速成为全国家喻户晓的儿童护理品牌。基于此，2009年青蛙王子继续展开动漫品牌营销，投拍第二部52集动画片《青蛙王子之蛙蛙探险队》，并获得了央视第一批国产优秀动画片殊荣。

通过动漫IP与品牌授权相结合的营销方式，以动漫形象强化品牌认知，加深目标群体与产品的认知关联度，极大地提升了青蛙王子的品牌影响力与产品竞争力，甚至在一定程度上影响了两代人。

成长的蜕变

从品牌创立之初的艰难前行，到如今成为儿童护理产品的知名品牌，青蛙王子经历了从幼幼蝌蚪到声声蛙鸣的成长蜕变。依靠品牌创新，开创了化妆品行业"动漫IP+品牌营销"之先河，打造了青蛙王子强大的文化IP。市场营销方面，国内市场稳步开拓的同时，更紧抓市场机遇，通过海外并购，成功进军国际市场。

国内与海外品牌战略的"双管齐下"，让青蛙王子在一年里取得了巨大的品牌效益与良好的市场收益。同时也让青蛙王子在发展的第一个十年里，以四两拨千斤的战略战术，成功实现了品牌的市场突围。

穿越低谷的力量:
价值上千万美元的"出海"之道

众所周知,创业永远没有一帆风顺,企业能否走得更远,关键在于是否具备穿越低谷的能力。

对于青蛙王子来说,从诞生之日起,就伴随着争议与挑战。无论是创业初期李振辉力排众议,大刀阔斧砍掉老产品,坚定专注儿童护理用品这一细分领域,还是遭遇质量危机时,果断决策力保客户利益,哪怕是2008年国际金融危机时面临生死攸关的挑战,依然能力挽狂澜,绝地反击,这一切都让人们看到了一个不服输、不畏难、不惧险、不失言的青蛙王子。

穿越低谷的力量

2005年进军国际市场的青蛙王子加快发展步伐。2006年3月，公司迎来重大市场机遇，一个来自美国索罗（solar）公司近400万美元的大单，让李振辉兴奋不已。

然而，让人意想不到的是，危机也随之而来。

当年3月，索罗（solar）公司提前交纳90万美元货款。青蛙王子迅速组织生产力量，全力以赴完成这一国际大单。经过制订完善的生产计划，青蛙王子从4月份开始开足马力生产备货，按计划9月底前完成订单生产、10月份完成全部发货完全没有任何问题。

但是，天意难测。当年5月，漳州遭遇六十年一遇的强台风"珍珠"的正面袭击，同时带来罕见强降雨。且漳州6月梅雨季节较长，产品所需的纸质包装在供应商还没发货时就已经受潮，然而青蛙王子在生产过程当中并没有及时发现这一严重问题。

2006年7月22日，质检员在对即将发货的产品进行出货前检验时，发现纸盒及产品套装大面积严重发霉。这批货是与美国索罗（solar）公司签订的近400万美元订单的一部分，价值93万美元。根据计划，这批货将在次日启运。而就在几天前，已经有3个货柜的货物先期运出。危机面前容不得丝毫犹豫，李振辉当即决定撤回已发货品，坚决不能让问题产品流向国际市场，并同时与索罗（solar）公司进行及时沟通诚恳致歉，争取获得客户谅解与支持。

事情的严重性远超李振辉的预期。从接到订单开始，青蛙王子就租用仓库进行货品储备。当发现发霉现象时，仓库中还有大批产品待发。其间偏偏又逢大雨，工厂所在的开发区遭遇大水冲击。李振辉亲自组织管理人员进行抢险，避免了更大损失，果断决策及时阻止了危机的蔓延。但是更大的挑战是，加上发货周期、运输周期等，真正留给青蛙王子产品生产的时间只剩下一个月，这就意味着青蛙王子要在短短的一个月之内完成原本半年的生产任务。

怎么办？李振辉告诉所有人，青蛙王子就是要创造奇迹。李振辉随即召开动员大会，向大家讲明事件的严重性，动员所有员工与他并肩作战，共克难关。在使命的感召下，从管理层、办公人员到一线员工都加入了生产队伍，配套工厂也开始了每天24小时满负荷生产。

最终，在所有人齐心努力下，索罗（solar）公司这近400万美元订单按时交付，青蛙王子又一次渡过了难关。

通过这次事关企业诚信、品牌价值以及未来发展的危机，李振辉展现出了过人的魄力与智慧，同时也体现出青蛙王子所有员工和合作伙伴齐心协力、协同作战，克服重大危机的能力。

危机中寻找并把握机遇

如果说成功化解2006年的质量危机让青蛙王子得以在国际市场站稳脚跟，那么2008年的国际金融危机，对李振辉来说，颇有些置之死地而后生的意味。

2008年5月15日清晨，一个突如其来的越洋电话如同晴天霹雳，让李振辉措手不及。一位美国律师打来越洋电话告诉李振辉，美国索罗（solar）公司正式发出公告，进入破产保护程序。

这对于当时连破产保护都还没搞清楚是怎么回事的李振辉，如同闷头一棒。企业破产还能保护？他经过一番咨询后才明白，当企业进入破产保护程序，意味着你无法再向其催交货款，而相关业务还要继续正常进行。待其具备偿还能力时，再通过法庭裁决无条件偿还债务。

要知道，对于青蛙王子来说，索罗（solar）公司此前只支付了90万美元定金，尚有140多万美元货款未付，但所有货品仍需正常发货。这意味着直接和间接经济损失或将达到数百万美元。而更让李振辉担心的是，一旦这个消息传回国内，必将引发连锁反应，后果或许是致命的。

李振辉非常清楚，在当时国际金融危机的环境中，珠三角很多外贸型企业因为海外客户破产导致自身出现资金链危机，甚至因此倒闭。如果索罗（solar）公司破产消息传回国内，企业内部很可能人心不稳，造成恐慌，员工会认为公司随时可能倒闭。更可怕的是一旦消息传至供应商、银行等层面，供应商可能会催交货款，停止供货，银行会催还贷款，停止合作，最终致使公司资金链紧张甚至断裂。可能索罗（solar）公司的问题还没有让青蛙王子出现大的问题，企业内部和合作伙伴就会先将自己"折腾"死。

事关企业生死存亡，李振辉立刻召集管理高层召开紧急会议，同时发布禁令，对这个消息严格保密，只限副总以上高层知道。经过3个小时紧张的闭门会议，李振辉制定了紧急应对措施，第一时间成立债权应急处理小组赶往美国讨债，同时对索罗（solar）公司的实际状况进行调查。

紧急时刻，李振辉通过多方打探与努力，最终下定决心收购索罗（solar）公司的两个近30年的化妆品品牌。这样，即使亏了钱，至少还能保住原有的海外销售渠道。

在此后的两个多月里，李振辉没有睡过一次好觉，除了晚上要及时掌握前方进展，白天还需若无其事地正常上班。经过艰难的谈判和博弈，青蛙王子最终逼退所有竞购者，在2008年7月，以800万美元收购具有84年历史的美国老字号索罗（solar）公司。扣除所欠147万美元欠款，实际支付600多万美元。收购两个国际品牌之后，青蛙王子赢得了一支销售团队和3000多个销售终端，还拥有了美国本土的技术顾问，公司产品在国际市场的拓展有了强大的后台支撑，从此完成从贴牌生产到打造自主品牌的飞跃，成为当年国内企业收购海外品牌的经典案例。

"虽然之前没有想到收购，但在对方申请破产后，我们的反应很快，思路也很明确，这次收购使我们的国际化战略突然提速。"李振辉如是说。

资本助力下的"产品主义"

经历了创业初期的举步维艰，度过快速成长的重重考验，企业进入成熟稳定期后，要想实现质的提升，离不开在资本市场的历练。作为实业家，李振辉一直对资本市场保持谨慎乐观。但无论青蛙王子成长至哪个阶段，李振辉一直坚守企业创办时的初心，从未改变。

作为国内儿童护理用品的知名品牌，2011年青蛙王子在港交所主板上市，被同行视为走在了行业发展的前列。但在李振辉看来，放在企业整个发展历程中，只不过是一个发展节点。他对于青蛙王子所坚持的发展理念和战略方向，没有因为上市光环加身而有过丝毫动摇，而是在这样一份坚持当中，乐观前行。

坚定方向

青蛙王子在港上市不久，李振辉决定签约香港明星陈慧琳为产品代言，进一步提升青蛙王子的品牌影响力。陈慧琳爱心妈妈的形象深入民心，她热心公益、关爱儿童的健康形象与青蛙王子梦想呵护未来的品牌特点不谋而合。李振辉坦言，"与陈慧琳合作，不仅能借助陈慧琳的亲和妈妈形象进一步吸引家长群体，更能借助陈慧琳巨星影响力，将分龄护理、正确呵护儿童的理念与方法传递给消费者"。

李振辉认为，当企业发展到一定阶段，作为规范化企业，通过资本助力加速企业发展，让更多人认识和了解青蛙王子，一直是他人生当中的一个梦想。虽然在整个上市的过程中，青蛙王子也走了一些弯路，经历了一些挫折，但却积累了许多来自资本市场的发展经验。

在李振辉看来，作为在内地成长起来的民营企业，因与香港资本市场的结构与理念差异，青蛙王子的真实价值一度被资本低估，甚至被一些沽空公司做空，公众媒体炒作。一向低调的李振辉在这个阶段选择不去过多解释，而是一心做好自己的事情，不断提升企业发展的核心竞争力。

很显然，李振辉很清楚自己相信什么，想要什么，而不像有的企业，要的太多，做的太少。

作为掌舵者，李振辉坚定实施着青蛙王子未来的发展战略。随着国家放开二孩政策，以及年轻一代父母的消费理念更新，使得婴童产业前景不可限量。

全面满足

青蛙王子品牌专注于婴童细分市场，并在充分调研市场及婴童生理特点的基础上，在行业内首先提出"分龄护理更专业"的科学概念，产品主要涵盖孕、婴、童及成人四个年龄段。

针对0～3岁婴幼儿脆弱敏感肌肤，青蛙王子研发了"七色蝌蚪"系列产品。3～12岁婴童洗护用品则有倍润、自然至亲、植爱草本三大主打系列产品。青蛙王子拥有自己独立、专业的研发中心，经验丰富的科研人员团队，并且与国内外顶尖研发团队联合打造专属于中国儿童的护理产品。以植爱草本系列为例，这一系列是以精心提取的草本植物精华为主要原料，拒绝添加有害化学成分，亲和孩子幼嫩肌肤，让孩子们享受五星品质的呵护。此外，青蛙王子根据市场消费需求，在"分龄护理"基础上，进一步推出分季节、分肤质以及分性别的护理产品。例如2017年特别推出了专为女童打造的"洛宝贝"花伴系列产品。

创新是产品更新换代的驱动和源泉、品牌发展的动力。强大的专业研发能力让青蛙王子能够适应消费市场需求，不断扩大、升级产品品类，为中国婴童提供全方位多维度的护理产品。

乐观前行

21世纪经济研究院预测，未来五年，中国的母婴市场规模仍将持续上升，预计将以每年不低于16%的速度增长，到2020年整体市场规模将超过4万亿。80后、90后年轻一代父母选择婴幼儿童护理产品，以产品安全为首要选择标准，这也就意味着产品安全度越高，品牌忠诚度就越高。

作为已有二十余年婴童产品生产、经营经验的国内知名品牌，青蛙王子在产品质量保障、研发专业度等方面有着极大优势。长期以来，青蛙王子一直坚持"专心致意，儿童护理"的核心理念，严格把控产品质量，以为孩子们提供更安全、更放心、更专业的护理用品为企业使命，为儿童带来更为健康、专业的呵护与关爱。在产品标准上，青蛙王子与中国标准化研究院共同打造国内首个"儿童化妆品标准化研究基地"，旨在建立起完善儿童化妆品安全的实验和研究体系。

青蛙王子率先在同行业中通过了ISO22716及美国食品和药品管理局《化妆品良好操作规范》（GMPC）的认证，同时还取得了两化融合管理、ISO9001质量管理体系、ISO14001环境管理体系和OHSAS18001职业健康安全管理体系认证。2017年，青蛙王子检测实验室通过CNAS认可，检测项目达11项，表明青蛙王子检测实验室的管理水平和技术水平进一步得到了国家权威机构的认可，确保了产品检测的高品质。严格的质量管理体系及产品内控标准体系，让青蛙王子优质安全的产品形象深入广大消费者心中，成为让宝宝安心、妈妈放心的婴童护理品牌。

一直在路上

作为永远的朝阳行业，李振辉对婴童行业的发展前景非常乐观。他曾在接受媒体采访时表示，随着中国消费观念和消费水平的提升，中国婴童行业未来还有很大的发展空间。作为专业和专注婴童护理的企业，青蛙王子不仅要提供优质的产品给中国宝宝，同时，源自企业的社会责任，青蛙王子也将始终关切让每一个中国儿童都能够拥有一个健康快乐的童年。

"关爱孩子，我们不仅仅在说，而是更积极地去付出行动。青蛙王子始终以关爱中国婴童成长为己任，坚持在自身发展的同时，也追求企业和社会的长期和谐发展。青蛙王子不仅要呵护孩子的皮肤健康，更要关注他们的心灵成长，要以企业的力量推动儿童的身心健康成长。"李振辉如是说。

中国儿童护理的"江湖地位"

2011年5月9日，青蛙王子新工业园一期竣工投产典礼在政府部门、合作伙伴、行业协会等社会各界的共同见证下隆重举行。这座率先采用药品GMP标准来设计日用护理用品生产线的工业园，为青蛙王子奏响了创建现代化、产业化、国际化企业集团的新乐章。

经历了市场的洗礼与肯定、品牌战略的创新与升级、产品体系的完善与提升，青蛙王子一举奠定了自己在儿童护理用品行业的"江湖地位"，行业影响力随着企业的不断壮大而与日俱增。2012年5月，"青蛙王子"品牌入选中国母婴用品护理行业十大标志性品牌。"天道酬勤"在青蛙王子身上得到了最好的诠释，并激励着青蛙王子在儿童护理领域坚持梦想，砥砺前行。

"两化融合"助力企业管理全面升级

2016年6月6日,青蛙王子(中国)日化有限公司荣获"两化融合管理体系贯标评定证书",标志着青蛙王子大力推进信息化和工业化深度融合取得了决定性的胜利,对企业生产经营和创新升级起到了强大的推动作用。

作为规范企业系统推进两化融合的过程管理机制和方法论,两化融合管理体系是企业建立、实施和改进两化融合推进管理的通用方法,有助于企业稳定获取预期的信息化成效,引领企业打造信息化环境下的竞争能力。

2015年,青蛙王子凭借良好的信息化基础,成为第二批"工信部两化融合管理体系贯标试点企业"。在贯标过程中,青蛙王子积极开展两化融合管理体系的推进、实施、完善工作,形成了获取可持续竞争优势所要求的信息化环境下的新型能力,实现本质贯标,确保了体系更好地指导和应用于生产实践。

获得两化融合评定证书,对青蛙王子而言,无疑极大地强化了儿童护理用品精益生产管控能力,提升了在市场竞争中的综合实力,凸显了青蛙王子在行业内的示范效应。

2016年,是青蛙王子两化融合的元年,更是持续推进落实深化改革的开端。借助两化融合的强大助推力，青蛙王子加快了持续优化业务流程和组织结构、提升与战略相匹配的信息化新型管理能力的步伐，并不断完善两化融合管理体系，紧密结合公司发展实际，促进两化融合管理体系建设成果的深化应用，推动企业技术升级和管理提升，不断获取企业转型升级和快速发展所需的可持续竞争力。

根据青蛙王子的战略规划，在未来的两化融合发展中，一方面，将保障工厂事业部实现两化融合，即打通生产制造和信息流，实现生产精益管理及提升品质管理；其次，打通集团各模块的信息屏障，促进整体供应链提效，实现信息资源共享；再次，提升针对集团线上发展信息化管理能力，匹配及开发对应系统支持。

推动儿童护理行业良性健康发展

如果说两化融合是青蛙王子用现代化管理能力向行业诠释了自己在儿童护理行业的"江湖地位"，那么，《中国儿童护理蓝皮书》的发布，则昭示了青蛙王子在推动儿童护理行业良性健康发展方面所付出的努力与决心。

2016年5月18日，《中国儿童护理蓝皮书》（以下简称《蓝皮书》）在上海美博会重磅发布。《蓝皮书》是由中国妇女发展基金会携手青蛙王子（中国）日化有限公司、全球领先的母婴育儿网站宝宝树以及大业传媒集团漫奇妙动漫公司联合发起，并邀请国内知名的教育专家、心理专家、医学专家共同打造的权威育儿蓝本，围绕儿童的健康、教育、心理、安全四个方面，旨在为中国新生代父母提供全面、科学的育儿知识和育儿理念。可以说，这是中国首部专门针对"3～12岁儿童护理"的公益之作，并免费赠送给全国相关的教育机构，让更多家长和老师学习到专业的儿童护理方式。

2016年，随着二孩政策的全面开放，婴童护理行业迎来了新一轮的增长高潮。而伴随行业发展利好的，却是中国儿童护理问题的日益凸显。

随着移动互联网的快速发展，各类信息渠道中关于婴童护理的知识繁多并且杂乱，甚至误导信息掺杂其中，导致在庞杂的信息传播中，年轻父母极为容易陷入儿童护理误区和陷阱。尤其是孩子3岁之后，很多父母过于偏重学业教育，反而忽略了儿童心理、安全等重要问题。而3～12岁的儿童正处于身心成长和变化的重要时期。所以，这段时期正确的护理方法对于塑造孩子的性格与健康的心理有着非常重要的意义。

基于此,《蓝皮书》的发布及时填补了0～3岁和3～12岁不同年龄阶段儿童护理专业公益之作的缺口,青蛙王子也借此一举奠定了在儿童护理领域的重要地位。

打造中国儿童化妆品标准化研究基地

正所谓"一流企业做标准",这不仅有利于企业不断提升市场话语权,更有利于强化品牌效应,助推行业健康发展。青蛙王子成立25年以来,不断以高标准严格要求促进企业发展,不论是产品研发,还是企业责任,都在不断促进行业标准和规范的提升。

近年来,青蛙王子不仅率先在同行业中通过了ISO22716及美国食品和药品管理局《化妆品良好操作规范》(GMPC)的认证,同时还取得了ISO9001质量管理体系、ISO14001环境管理体系和OHSAS18001职业健康安全管理体系认证,成为名副其实的中国儿童化妆品标准化研究基地。目前,青蛙王子以创新驱动发展,建立了近百人的研发团队,与中国标准化研究院、华南理工大学、江南大学等众多高校及相关研究机构建立长期合作关系,深度整合国内外科研力量,形成以集团总部为核心,上海创新研究院,以及美国、马来西亚及新加坡的研发中心为支撑的研发基地格局,开展一系列产学研创新及科研开发。

历经25年，青蛙王子完成了从无到有、从小到大、从大到强的成长与蜕变。如今，青蛙王子已经成长为一家集研发、生产和营销于一体的综合型个人护理集团公司，不仅仅生产护肤洗沐产品，还有牙刷、牙膏、纸尿裤、湿巾等，产品主要涵盖孕、婴、童及成人四个年龄段，旗下的护理产品得到用户的广泛信赖。可以说，凭借专业，青蛙王子成为很多人的护肤启蒙产品，也成为个人护理行业的知名品牌。

2019年，新中国喜迎70华诞。正是在这一年，青蛙王子通过25年的努力与坚持，入选"新中国成立70周年70品牌"，成为福建省唯一获此殊荣的儿童护理品牌，与众多知名品牌共同见证了中国品牌的荣耀时刻。

如今，青蛙王子行业影响力无须赘述。相信未来青蛙王子将会在儿童护理这条路上走得更远，成为世界儿童护理行业的知名民族品牌。

第二章

如何将人用对、用好、用开心

企业的成功从成就员工开始

索尼公司创始人之一盛田昭夫先生曾说："优秀企业的成功，既不是什么理论，也不是什么计划，更不是政府的政策，而是'人'。'人'是一切经营的最根本出发点。"在如今的商业环境中，越来越多的企业将员工价值的塑造与提升视为企业长远发展的根本。同时越来越多的人也不仅仅将工作视为谋生工具，他们更希望能通过一份工作获得相应的成就感，从而实现自己的价值。

北京大学国家发展研究院教授、BiMBA商学院院长陈春花认为："员工是体现企业行为的一池水，要使企业充满活力，这池水就必须激活，成为活水。这就要求企业的领导者能够把人的因素放在首位，重视用人之道。"一家善于成就员工，致力于员工自我价值实现的企业，往往具有强大的向心力、创造力与驱动力，这在青蛙王子身上体现得淋漓尽致。在青蛙王子搭建的企业发展平台上，员工最大限度地获得了自我驱动发展、企业赋能成长、彼此成就共赢的时代机遇。青蛙王子与员工一起从相互陪伴成长，到共同努力成功，走过了25年的发展历程。就让我们一同来探究，青蛙王子的成功是如何从成就员工开始的。

一、找"对"人：找共性易、寻特性难

人无完人，世间没有大全之才，只有可用之才。所以，企业用人面临的第一关就是"择人"。找到对的人，关键在于找到适合企业发展实际需求的人。但凡企业所需人才，在满足共性需求的情况下，其特性才是企业需要重点考虑的。正所谓"找共性易、寻特性难"。

（一）量才任用，标准先行

随着中国企业现代化管理制度的不断完善与创新，越来越多的企业针对如何找到"对的人"都有一套自己的方法，可谓是全面开花。企业心里都非常清楚，招进一个"错的人"所带来的隐性风险，足以破坏一部分的"组织细胞"，所带来的隐形成本和损失难以估量，比找到一个"对的人"要付出更多的代价。所以，选才标准与评价体系的完善与否，成为找人的第一道关口。对此，青蛙王子通过岗位能力标准的建立，结合企业发展需求、团队互补需求，运用专业的面试与测评工具，形成科学有效的选人标准，确保人岗匹配。

在选才标准方面，青蛙王子首先根据企业所处阶段、团队结构、岗位胜任素质建立各岗位选才标准；其次，将选才标准分为基本标准和关键标准两大类，两者相互补充、层层递进。基础标准主要为专业能力与岗位职责匹配、通用能力与岗位特点匹配、个人价值观与企业价值观匹配三方面。

依据标准，根据人才的实际情况进行评估，是考量这个人是否为企业所需的重要环节。青蛙王子采用多维评价方式，建立科学有效的人才评价体系，并持续完善。通过一系列专业人才测评工具的运用，如面试标准、专业面试工具（结合招聘岗位要解决的问题，运用文件筐、情景模拟面试、结构化面试等）、专业测评工具（如九型人格测试、DISC性格测试、MBTI性格趋向测试、笔迹分析等）、特殊岗位职业背调、转正360评估等方式，确保人才测评的科学性、客观性。

（二）内部造血，外部换血

建立可持续的人才"新陈代谢"机制，是保证企业"有人可用、用人可选、选人可育、育人可争"的重要手段。对此，青蛙王子不断完善人才引进机制，打通人才引进渠道，提升"内部造血，外部换血"能力，多维度、立体化地为企业发展提供人才保障。

第一，遵循"人力资源与企业发展战略相匹配"的原则。青蛙王子依据企业发展战略规划，与时俱进地分析人力资源需求，随时做好人才引进与培养部署。

第二，创新人才渠道，优化人才结构。通过与大中专院校的校企合作渠道及其他社招渠道的组合，青蛙王子实现了人力资源存量再配置，同时优化年龄、学历、能力等人力资源结构，匹配企业发展需求。

第三，搭建人才培养机制，强化内部"造血"功能。青蛙王子通过企业商学院培训平台等人才培养体系的构建、人才梯队建设、企业内部轮岗及集团内各子公司的人才流动等多种方式，提升现有岗位人员的专业能力，培养匹配企业发展需求的人才。

第四，营造竞争机制，持续外部"换血"动作。青蛙王子通过绩效考评、技能竞赛、人岗评价等方式营造企业竞争机制，优胜劣汰，从外部引进新鲜血液，激发组织活力。如通过引进中高端与专业技术人才，引领企业发展；通过"管培生"的招聘与培养，为企业发展注入新鲜活力。

（三）零容忍，不手软

对青蛙王子来说，新员工的加入，老员工的关怀，企业一直以来都非常重视。为此，一向重视党建工作的青蛙王子，还专门建立一套体系，对新员工入职跟进、核心岗位时时关注，进行重点跟进，通过人文关怀、离职面谈等措施挽留优秀人才，并建立劳动关系争议的预防与处理标准，构建和谐劳动关系。

虽然用人不追求完人，但每家企业都应该设置自己的用人红线，因为哪怕一时找对人，不代表永远是"对的人"；哪怕是"对的人"，不代表不会触碰企业的"高压线"，越过企业发展的底线。所以，在发现问题时，企业用人必须懂得及时"止损"。在这方面，青蛙王子对于踩红线、越底线的员工，从不手软。其中包括：

1.严重违法违纪者：触犯国家法律法规，严重违反公司管理制度，对公司造成严重的名誉或经济损失的。

2.价值观不符者：无法认同并树立正确的企业价值观，经教导其思想与行为仍不符合价值观要求的。

3.无法胜任岗位者：其专业技能未能达到岗位要求，经多次培训仍未能达到最低要求，或不符合岗位要求且不接受调岗者。

二、用"好"人：合适的，才是长久的

俗话说，人尽其才，合适的用人之道是企业发展的长久之计。将合适的人放在合适的位置，才更有利于员工发挥最大的作用。"挽弓挽强，用人之长"，管理学家认为，企业用人不在于如何克服人的短处，而在于如何发挥人的长处。结合企业组织结构的实际情况，任人唯贤，考验着企业家以及管理层的用人智慧。某种程度上可以说，把人找对是基础，把人用好是关键。

（一）"1+1>2"的金字塔形组织

目前，青蛙王子采用金字塔形的组织架构，以直线职能制、事业部制交叉并存构建。整个组织架构的设置能有力支撑公司现阶段及未来3～5年的战略发展需求。

以青蛙王子和润公司为例：成熟产品以直线职能制设置，设有市场中心、客服中心、销售中心、销售支持部，确保成熟产品持续发力，满足现阶段企业发展需求。而对于新品则以事业部建制，独立核算，确保新品如期上市，满足企业未来发展需求。

同时，青蛙王子组织架构也会根据市场、行业的变化而适时进行微调，确保整个组织架构效率最佳、流程最简、成本最低，能够最大限度地释放企业的能量，使组织更好发挥协同效应，达到"1+1>2"的合理运营状态。

（二）立体化的核心管理原则

在员工管理方面，青蛙王子不为了管而管，而是创新性地从六大维度，立体化地构建企业组织。通过制度管理、价值观引导、责权利一致、成长规划、公平竞争、目标管理六大核心原则，有效挖掘员工潜力、保障员工权益、助力员工成长。

1.制度管理原则，让管理有理有据有情。青蛙王子建立了完善的员工管理制度，制度以遵循法律法规为前提，并结合企业实际情况、员工人文关怀而制定，整个制度体系具有合法性、系统性、平等性、可执行性及可监督性。

2.价值观引导原则，让员工产生心理共鸣。青蛙王子建立了清晰的价值观，通过培训宣导使全体员工在心理上产生共鸣，并通过可量化的绩效评价工具有力推动价值观落地，再绩效面谈，从思想层面激发活力，从而使价值观引领员工产生正面的思想及行为。

3.责权利一致原则，让员工明明白白做事。青蛙王子对各职级、各岗位员工均赋予明确具体的岗位职责、权力、利益，使三者对等，促进管理目标的实现。

4.成长规划原则，让员工拥有自驱能力。青蛙王子商学院具有完善的培养体系，帮助员工提高专业技能；设置管理类、技术类、事务类各职级的晋升发展通道，打通了传统型行政职务晋升的壁垒；对于新员工、核心员工制订专项辅导计划，帮助员工成长，提升管理质量。

5.公平竞争原则，让员工富有竞争动力。青蛙王子设置富有竞争性、激励性的管理政策，如内部竞聘、职称评定、年度调薪、评优评先、绩效考评等政策，激发员工工作积极性，提升管理效率。

6.目标管理原则，让员工明晰发展方向。青蛙王子根据企业经营规划、部门职责、岗位职责及员工特性，遵循可量化、可落地、上下达成共识的原则，对各岗位绩效指标进行设置；在过程中实行定期辅导沟通，关注完成绩效的重点举措；考评结束后实行定期绩效面谈，帮助员工绩效改善，从而通过绩效管理推动管理体系能力的提升。

（三）系统性地激发组织活力

结果导向型企业往往注重激发员工活力与价值，这样会尽可能降低制度成本和沉没成本，避免管理过程中不必要的浪费。激励员工产生自我驱动力和创造力，并帮助他们提升职业生存能力，取得自己所需的成就感，将更好地促使员工为企业利益而竭尽全力。可以说，组织活力与企业发展活力息息相关，不懂得如何激发员工活力的企业，将无法取得长远发展，这样说一点都不为过。

在青蛙王子，激发组织活力作为一项系统性工程，依靠愿景召唤、利益分配、权力分配、氛围营造、流程优化五大措施，通过内部竞聘、轮岗锻炼、优胜劣汰、绩效管理、奖惩机制、薪酬激励等多维度激发员工最大潜能。

1.愿景召唤，企业上下产生高度共识。青蛙王子建立清晰的愿景及价值观，首先通过自上而下的宣导使全体员工产生共识，其次通过可量化的绩效评价工具及价值观评优有力推动价值观落地，并通过绩效面谈从思想层面激发员工活力，从而激活组织。

2.利益分配，让员工看得到、摸得着。青蛙王子首先建立组织成员共同认可的价值评价标准，并实施分级激励。基层员工通过制定根据专业能力定薪、绩优者年度调薪、专项工作激励、职称评定等政策进行激励；管理者则通过制定与公司业绩、利润相挂钩的富有吸引力的政策进行激励，多维度从物质层面激发活力。

3.权力分配，释放管理人员管理压力。青蛙王子在遵循公司制度的前提下，对中高层管理人员进行合理授权，既有效地激发被授权者的工作积极性，又释放了授权者的管理压力，让管理者把更多精力聚焦于规划性工作，从而激发整个组织活力。

4.流程优化，提升企业组织运转效能。青蛙王子从全局系统发出，定期复盘并持续不断优化工作流程，确保组织成员均能高效工作，避免因流程不顺而耗时耗力，激发员工工作积极性。

5.氛围营造，优化企业组织生态环境。公司致力于营造正面、积极的工作氛围，通过内部竞聘、活水引进、优胜劣汰、绩效考评、技能比赛、商学院培训等措施，在整个组织中形成比、学、赶、帮、超的良好工作氛围，从而激发组织活力。

三、成就人："共赢"是最长情的告白

人们常说，陪伴是最长情的告白。对于企业发展，陪伴员工健康发展是企业的基本要求，而"共赢"才是最根本的目标，这对企业和员工双方都同等重要。看似是企业成就员工，实则是双方相互成就。

在青蛙王子，有一个有意思的现象，副总级别几乎都已入职15年以上，经理级别几乎都是入职10年以上的员工。根据统计，在青蛙王子内部，5年以上工龄员工占总员工数量的36%左右。组织结构的稳定性在某种程度上直接反映出青蛙王子在成就员工方面所取得的成就。而这样的成就，根据不同阶段的不同情况，呈现螺旋形上升趋势，为青蛙王子持续地良好发展提供了稳定的组织保障。

（一）成就员工成长，实现个人与企业"共赢"

"共赢"是青蛙王子一向追求的价值观，员工个人成长与企业发展相辅相成，二者共同成长也是企业追求的共赢之一。青蛙王子主要通过六大管理方式，助力员工成长与自我价值实现。

1.能力评价，专项培养。通过建立岗位能力标准，结合专业测评工具，多维开展能力测评，审视人岗匹配度，为成就员工成长与实现自我价值奠定基础。对在岗人员，通过胜任力分析，聚焦短板，专项培养提升。

2.绩效管理，激发潜能。绩效管理的最终目标是实现组织与个人的共同成长。在遵循"聚焦短板"的基础上，通过绩效目标设定、绩效考评、辅导沟通、目标提升的持续循环，不断激发员工潜能，弥补员工短板，从管理角度助推员工成长。

3.人才测评，职业规划。青蛙王子通过人才测评工具，挖掘企业人才潜力、分析员工优势与短板、管理个性及职业倾向，更为科学、客观地为员工制定职业规划与职业目标。

4.扩大晋升通道，内部选拔提升。为扩大职业发展通道，公司打破管理类人才晋升通道的局限，在设备技术、信息技术、研发、财务等专业领域建立企业内部的技术职称评定体系，以此满足员工的工作成就感、加速个人成长，同时提升经济收入，实现个人物质需求。

5.不吝培养人才，构建管理梯队。青蛙王子建立了一套完善的人才培养机制，其中包含了企业人才梯队建设，公司设立"伯乐奖"等政策激励管理类与技术类人员，培养接班人，搭建人才梯队，为员工打造职业晋升基础。

6.搭建培训平台，营造学习氛围。员工培训是企业最好的投资，青蛙王子商学院是青蛙王子致力于构建一个"学习型组织"的体现，其完善的培训课程体系与专业的师资队伍是公司全体员工的福利。

（二）建设企业商学院，全方位、系统性培养人才

很多企业都很清楚员工培训的重要性，但很多时候会觉得投入过多不值当，投入过少没变化，还不如保持现状，任由员工"野蛮成长"。

成立25年以来，青蛙王子从不吝啬对员工的培养投入，这在传统民营企业当中并不多见。在员工培养方面，青蛙王子大胆创新地采用企业商学院模式，通过校企合作，针对新进人员、在岗人员、核心人员，形成了完善的人才培养体系，提高组织成员各项专业技

能，实现共赢。

2013年8月，青蛙王子商学院成立。青蛙王子商学院致力于企业人才梯队的培养与搭建，按照"请进来，送出去"的宗旨，每年投入资金上百万元，积极邀请知名管理专家、教授和名企高管等为员工提供一站式学习培训，并输送优秀人才到厦门大学EDP总裁班、高级经理班等免费接受更系统的培训，成为青蛙王子内部人才培养体系的重要一环，更是人才开发的重要核心。商学院以构筑企业全员培训体系为基础，通过企业文化的导入和企业学习习惯的培育，形成企业知识管理、人才加工、市场竞争的智力平台，最终成为实现企业战略规划的有力武器。

为了激发更多人更有效地系统性学习，青蛙王子商学院创新性地设置管理者授课制度，要求经理级以上管理者在自己的专业领域，开发自己主讲的学习课程，通过向公司员工授课，不断提升自己的专业能力、思维能力与沟通能力。同时公司以授课质量、反响评估等为依据，对授课者进行讲师等级评定，并以此为依据，按课时进行现金奖励。青蛙王子改变了传统企业员工培训的单向填鸭模式，打破各部门、各层级之间的相对隔离状态，通过双向提升、积极实践的方式，强化员工培训的有效性和实用性，从而保障员工能力的可持续提升和企业运转的人才供给。

25年，"研发一哥"的初心与坚持

近年来，二孩政策的放开让中国儿童护理用品行业迎来了发展的黄金时期。随着国民经济水平不断提高和消费理念的变化，消费者对产品的质量和品牌越来越重视，尤其是与儿童相关的产品。伴随中国母婴市场的壮大，外资品牌强势入局，中国儿童护理用品企业压力随之增大，企业不得不寻找破局之道。青蛙王子集团作为本土婴童护理知名企业，在大环境的困局之下，近几年也一直在探索和突破。而这个突破口最重要的无疑就是优质的产品。

作为青蛙王子集团总工程师的温文忠，自1990年至今，已从事化妆品一线研发工作长达近30年。从学生时代就热爱化妆品研发的他，这么多年一直秉持初心，而他的坚守为青蛙王子打造了多款安全、有效的儿童护理产品。他也是当之无愧的研发"一哥"。这样一位"身怀绝技"的人才，自然会受到其他企业的青睐，但始终没人能切断他与青蛙王子的缘分。

看准市场，说干就干

温文忠与青蛙王子的缘分可以说从一开始就注定了。他的太太与青蛙王子集团董事长李振辉的太太是同事，两家一直都有往来。1995年初，在国有制药厂做业务员的李振辉和从事化妆品批发生意的谢金玲在判断市场有潜力后决定创业，自己办厂，于是他们找到温文忠帮忙研发产品。

由于怕处理化学材料对周围居民有影响，他们找了一个湖内郊区的别墅作为暂时的工厂，为了节省成本，采购二手设备开始创业生产。鉴于马上进入夏天，南方夏季多蚊虫困扰，杀虫剂是市面上的紧俏产品，所以他们最初选择从市场上刚出现的杀虫剂做起。做杀虫剂要用到液化气，但福建境内当时没有炼油厂，买不到没有气味的工业用气，而民用气为了防止液化气泄漏导致中毒，都会有刺鼻的气味，这种气体并不适合做日化产品。然而创业初期囊中羞涩的他们没能力采购专业的除臭设备，于是温文忠自己研究出一套简易版的分子筛来除臭。

说起自制的除臭装备，温文忠至今还有些后怕。试用除臭效果的时候需要在液化气罐上开一个口，再把分子筛装上，但第一次试验的时候，液化气进入分子筛，产生化学反应，分子单位放热，整个液化气罐瞬间产生高温，而当时屋子里还摆着十几罐液化气，他们赶紧暂停试验。之后总结经验又反复测验几次后，自制的除臭装置才真正投入使用。

遇上好的创业时机，公司生意发展得很快，订单接踵而至，从4个人到十几个人的生产班组都有些忙不过来，很快为他们后续发展挣出第一桶金。随着越来越多的企业看到杀虫剂的市场潜力，纷纷开始蜂拥而至进入这一市场。但受困于工业用气资源所限，再加上杀虫剂产品的季节性因素，为了维持工厂全年运转，李振辉决定扩大产品研发品类，将目光转向冬季使用的润肤霜上。

安全永远是第一位

由于市场竞争激烈，青蛙王子所研发的成人面霜因产品定位和特色不明显，难以从市场中突围，温文忠一直在思考什么样的产品更能做出自身的特色和优势。转机发生在1999年，李振辉在前往广州办理业务的过程中，敏锐地发现儿童护理细分市场存在很大的供给缺口。所以经过一系列的筹划，公司正式向儿童护理用品领域进行转型。

从成人到儿童，产品受众的转变让企业品牌定位和发展方向都产生了巨大的改变，产品研发也要随之进行重大调整。由于是针对儿童市场，李振辉董事长对产品质量更加重视，不止一次提出，要占领市场最根本的还是要回归产品质量，广告或者市场促销手段只能带来阶段性成效，只有用产品说话，让消费者拥有良好的使用体验，消费者才会认可这个品牌。

怎么做好儿童护理产品，对温文忠而言无疑是一项全新的挑战，安全性更是被李振辉提到了空前的高度，其次考虑的才是产品功效。正所谓牵一发而动全身，这样不同以往的研发理念促使青蛙王子在原料选择方面不得不将标准制定得非常高，只选品质好的原料，甚至达到不计成本的地步。

此外，要形成一定的市场竞争力和品牌影响力，青蛙王子必须要拥有几款热销主打产品，形成多产品联动的产品体系，这样才有助于更快地打开市场。时不我待，在市场机遇面前，青蛙王子表现出了巨大的发展决心。从组建研发中心到引进各方面人才，温文忠感受到有一种力量在推着他向前奔跑。

为了测试儿童护理产品的安全性，温文忠可谓是绞尽脑汁。如今在青蛙王子的研发中心设置有专门测试产品安全性的工作组。但在企业发展初期，如何测评产品是否对孩子的皮肤有刺激性让温文忠犯了难，毕竟产品研发绝对不可能在孩子身上进行测评试验。寻找合适的实验体就迫在眉睫。

在机缘巧合之下，温文忠发现鸡胚绒毛尿囊膜包围在鸡胚周围，表面血管丰富，可以看作一个完整的生物体。于是，温文忠决定以鸡胚绒毛尿囊膜来模拟婴童娇嫩的肌肤，把受试物与鸡胚尿囊膜进行接触，观察尿囊膜的毒性效应指标（如出血、凝血和血管溶解），这些指标反映血管及血管网的形态结构、颜色和通透性的变化，以及反映绒毛尿囊膜蛋白质变性等现象及其受损程度，然后组合得到一个评分，用于评估产品的刺激性和腐蚀性。"在产品安全测试方面，青蛙王子正在建设发展细胞实验室，研发细胞层面的安全性测评方法。"温文忠说道，"通过运用血红细胞等针对产品刺激性进行测评，会大大提高产品的安全系数。"

对于产品安全，青蛙王子从来都不敢有丝毫懈怠。以温文忠为代表的技术研发人员，一直默默在幕后坚守，以工匠精神埋头苦干，不断强化研发技术，提升产品的技术含量，为青蛙王子的产品安全提供坚实的技术保障。

校企共建，引领儿童日化创新潮流

随着青蛙王子的不断发展，研发力度和难度也越来越大，除了持续引进专业人才，搭建完善的专业人才梯队，青蛙王子也同步探索与专业研发机构进行合作。2013年，青蛙王子与华南理工大学共建全国首个"华南理工大学应用化学系儿童化妆品科研基地"，成为国内首个校企共建的针对儿童化妆品的科研基地，旨在进一步拓宽与深化适合中国儿童个人护理用品的新技术、新材料的研发、应用、检测等一系列科研工作，提升青蛙王子儿童化妆品的科研发展及应用能力。

这次合作不仅标志着青蛙王子在吸引高层次科技人才、提升企业产品质量和企业核心竞争力等方面迈上新台阶，而且对今后公司建立以企业为主体的技术创新体系等都具有积极意义和示范作用。

"广州是中国时尚之都，化妆品产业非常发达，因此华南理工在较早时期就开始进行儿童化妆品方面的研究，在日化行业影响很大。"据温文忠介绍，青蛙王子现在正与华南理工大学进行联合创新研发项目，探索化妆品的新颜料和新的测试评价方法。目前通过校企合作所产生的研究成果已经获得6个国家级发明专利，而且保持每年提交3个发明专利申请的节奏，保证企业产品的创新性和技术性。

作为集团总工程师，陪伴青蛙王子走过25年的温文忠，深知企业今天所取得的成绩来之不易。能力越大责任也就越大，一心只想着让青蛙王子产品走在行业甚至世界前列的温文忠，正在尝试与不同领域的专业院校与科研机构开展研发合作。"这么多年来，青蛙王子呵护儿童健康成长的理念已经深深地嵌入每一位员工心中，不管产品如何创新，我们都会始终坚持将安全放在第一位。"温文忠如是说。

有一种创新叫"精益求精"

　　创新是一个民族进步的灵魂，也是一个企业发展的灵魂。25年来，青蛙王子从一家普通作坊式的小工厂到拥有自主品牌和雄厚科研实力的知名儿童日化企业；从"订单式加工"到走出国门并购美国品牌，成为参与国际竞争的国际化企业；从占据国内二三线市场到逐步进军北京、上海等一线城市，崛起成为国内儿童化妆品领域的知名代表，青蛙王子每一步都坚实而有力，他们也深刻领悟到创新的重要性，从未停止技术创新的脚步。"拥抱变革，快速反应"的企业价值观同样深深地烙印在每一个员工的心里，他们在各自不同的岗位上，为青蛙王子产品的精益求精、安全可靠努力创新实践，不负中国亿万家长和儿童的期望，匠心创造，携手前行。

匠心工艺创新，为配方保驾护航

作为青蛙王子技术创新的中坚力量，技术研发中心肩负着从配方到生产工艺的全流程工作。将研发出来的配方经过一番科学、合理的生产加工，成为让家长和儿童放心使用的产品，这就是谢招升在技术研发部的主要工作任务。尽管在青蛙王子的时间只有短短五年，但谢招升在为公司"创新"上做出的贡献却丝毫不逊于老员工。

真正践行青蛙王子"专心致意，儿童护理"的宗旨，身为技术研发中心的一员，谢招升投身于生产工艺的创新研究，致力于通过科学、高效、安全的工艺生产出日臻完美的产品，为中国儿童的健康童年保驾护航。以面膜生产工艺为例，由于其原料的特殊性，在生产搅拌过程中很难分散。为加快原料分散速度必须提升搅拌速度，然而这又会导致更多气泡的产生。无奈之下，为了避免气泡的产生，员工只能选择降低搅拌速度，这就使得产品的生产过程大大延长。对此，谢招升看在眼里，急在心里。经过不断的摸索尝试，通过控制温度和搅拌转速，他逐渐精准地把握了时机，使原料分散和气泡增速达到了最佳平衡点，极大地提升了生产速度，为公司"提质增效"做出创新贡献。

技术研发中心这片抬眼可见的空间，却为同事们提供了发挥才智、创意的广阔天地。往往部门的一个创意从想法到落地实践，周期都很短，这得益于青蛙王子公司对于创新的重视。作为一个深耕儿童护理用品领域的知名品牌，青蛙王子25年来始终如一，锐意进取、创新实践、匠心品牌，持续创新产品技术，为企业输入源源能量。"我们提出的方案，只要不违背安全生产原则，公司和领导都会给予最大的支持，去验证方案的可行性。"对于未来，谢招升充满了期待，在追逐梦想的道路上，他将一如既往地和青蛙王子携手共进。

精准功效测评，让产品精益求精

任何一件产品的问世，都要经历一个必不可少的环节——功效测评，即使用多种测试手段，检测产品是否具备相应的功效。这不仅是对消费者负责，也是企业对于自身品牌荣誉的捍卫。为此，青蛙王子专门设立"产品功效测评平台"，确保每一件出自青蛙王子的产品，都让消费者"买得安心、用得放心"，无愧于"儿童健康守护者"的称号。

早在数年前，在儿童护理行业尚未有明确规范的产品功效测评理念时，青蛙王子董事长李振辉就以其高超的前瞻性和战略性眼光，率先提出在公司确立产品功效测评制度。也许是缘分使然，2014年，有"海归学霸"身份加持的杨俊武加入青蛙王子，他的到来对青蛙王子功效测评平台而言可谓是如虎添翼。他将此前在日本化学研究所和厦门海洋生物应用研究所的经验倾力应用于功效测评平台的建设中。五年时间，他搭建起青蛙王子完善的产品功效评价体系，建立了严格的品管检测标准，开发出几十种新的功效检测方法。如今的他已然成为部门的中流砥柱，仍在持续研发更多功效检测方法的道路上孜孜求索。

"今年公司在上海设立了创新研究院，将在产品功效领域进行更多前瞻性的研究和探索。"杨俊武不无自豪地说道。青蛙王子之于杨俊武而言，哪怕用"士为知己者死"来形容也不为过。搞科研事业出身的他，在青蛙王子找到了梦想的出路，义无反顾地投身到公司的科研创新领域，只为让中国乃至世界的孩子都用上安全的护理用品。"我们不仅要做到中国五百强，更要做到世界五百强。让青蛙王子走出中国，走向世界。"杨俊武认为青蛙王子距离这个目标已经指日可待。

成功企业背后，都有一群幕后英雄

每一个成功企业的背后，都有着一批默默耕耘、奉献的幕后英雄。他们也许从未出现在台前，没有机会享受到舞台上的追光，然而每一次完美的演出，都离不开他们的无私付出。在青蛙王子成长的25年历程中，同样有着这样一群人，正是因为有了他们，青蛙王子才能够在多年的变革浪潮中屹立于不败之地。

构建信息化生产，让数据自由流通

走进青蛙王子厂房，你会看到有条不紊的繁荣工作景象。生产一线员工无须人工登记，只要将原材料扫码入库，随时可以通过后台程序对这批原料进行全流程追踪。全自动信息化网络遍布青蛙王子的每个角落，集团数据的互通，打破了原本部门之间的信息孤岛状态，构建了企业庞大的大数据系统。如今青蛙王子的信息化系统已经成为业内同行竞相参观学习的信息化建设典范，而这背后是许多幕后英雄长达15年的不懈探索。

早在中国网络环境尚处于起步阶段的2004年，青蛙王子集团董事长李振辉就非常具有前瞻性地判断出，未来企业信息化建设将成为不可逆转的潮流，随即开始青蛙王子信息化建设布局。也正是这一年，年轻气盛的宋铭辉加入青蛙王子，成为日后企业信息化建设的重要元老级人物之一。他和团队从构建经销商系统开始，逐步搭建起完善成熟的CRM客户管理系统、OA内部办公系统和ERP生产管理系统，让青蛙王子成为领先于行业的现代化企业。

新生事物的兴起和接受往往需要一个漫长的过程，在向经销商推广新开发的经销商系统时，宋铭辉同样遭遇到了阻碍。为了让经销商摒弃原本低质低效的电话、传真下单订货方法，尽快熟练使用新的信息化系统，他将操作方法教授给城市驻地经理，甚至到当地现场指导经销商。努力终有回报，青蛙王子成为行业内较早实现经销商自动化下单订货的企业，极大地提升了经销商合作的质量和效率。就在这时，宋铭辉却选择了功成身退。虽然离开了青蛙王子，但他的心却从未走远，时刻关注着青蛙王子的发展。

2014年，青蛙王子占地100多亩的大型工业园区即将竣工，国内外订单纷至沓来，实现企业生产自动化迫在眉睫，新时期的青蛙王子正等待着有识之士的加入，共建现代化新家园。宋铭辉无疑是这场信息化建设大军成员的不二之选，而他在接到求贤若渴的老领导的电话后，毫不犹豫地选择了回归，投身于青蛙王子生产自动化建设中。"领导的战略眼光决定了一个企业信息化建设的高度，执行者的执行力决定了最终效果。"历经无数个通宵达旦、夜以继日，在信息中心全体同事的共同努力下，他们成功搭建起生产自动化系统。未来，宋铭辉要做的事情还很多。实现生产硬件自动化、仓储自动化、物流智能化、生产可视化……在信息化建设的道路上，青蛙王子将永不止步。

做好财务管家，让企业无后顾之忧

如果说信息化建设让企业走得更快，那么财务工作则是确保企业走得更稳。同样身处幕后的财务工作者，为青蛙王子的正常、高效运转付出着他们的心血。

在青蛙王子的6年时间里，胡灵耀从一名成本会计成长为如今分公司财务经理。那些在大多数人看来既枯燥又乏味的财务数字，对胡灵耀而言却别有一番魅力。"数据的魅力在于，它不单单是以往数据的呈现，其中更隐藏着许多企业发展状况和问题等待你去揭开谜底。"可以说，财务部门是企业的总管家。正是通过这些财务数据，胡灵耀所在的财务部门得以判断企业经营状况及各方面损耗，以便给企业及时提供有效调整建议和方案。

由于工作性质的特殊性，财务部门更像是个隐藏于幕后、"形单影只"的独行侠。其实不然，青蛙王子的所有部门、员工彼此都如家人一般，一旦遇到需要帮忙的情况，每个人都会伸出援助之手。2017年青蛙王子集团申请高新技术企业的经历，让胡灵耀至今仍记忆犹新。当时如果没有多个部门同事的主动请缨配合，单靠财务部门的力量绝对无法完成高新技术企业申报所需材料的整理准备工作。可以说，最终青蛙王子成功拿下"高新技术企业"称号，是全体青蛙王子员工齐心协力达成的。

如今，在安排好本职工作后，胡灵耀还会利用业余时间进行充电学习。他希望通过学习进一步更新自己的知识结构，让分公司的财务工作更加清晰明了，让整个集团没有后顾之忧。

FrogPrince
青蛙王子

一颗"螺丝钉"十年的心声

每个人对于职业期许不同，心态也会不同，在同样的岗位，有的人能够心态平和地把它做好，一做十年，本身也是一种修行。

在青蛙王子成就辉煌的背后，是数以千计奋战在生产一线的员工们的默默奉献。他们勤劳、真诚、务实、高效，构成了青蛙王子工厂里一道亮丽的风景线。从最初条件艰苦的民房小厂，到如今颇具规模的大工业园，青蛙王子的一线员工从未掉队。他们坚守着与青蛙王子一同守护中国儿童健康的梦想和使命，在每个工作岗位上尽职尽责，散发着自身的光与热。

对于儿童日化产品而言，每一个生产环节都关乎产品质量，不允许一丝一毫的懈怠和马虎。而在所有基础工作当中，原材料配制和水配制更是产品质量的重要源头保障。其中，原材料配制需要员工严格按照标准化定量配制，哪怕一克的误差都可能会导致产品出现问题，如此就要求配料员对原料定量的把控要极为精准；水配制则是要通过细致的测试、检查以确保源头水的净化质量。可见，这个岗位上的员工也许不需要很高的学历，却一定要有足够的细心、耐心以及毅力。张伟根就是在配制车间这个平凡的岗位上，十年如一日贡献着自己的微薄力量，肩负起保证产品源头质量安全的重任。正如他所说："公司把这件事交给我，是对我的最大认可，我就一定要把它做到最好。"

十年来，他驻守在生产一线配制车间，本着干一行、爱一行、钻一行的精神，逐步全面掌握了产品配制所需的各种操作技术，从最基础的原料辅操员一步步走上副操、主操、水配制专员等岗位，成为公司配制车间的技术能手。他甘愿成为青蛙王子的一颗"螺丝钉"，扎根在生产一线，为企业创造价值。

在青蛙王子的每一份付出都会收获相应的回报，张伟根对这点深有感触。2016年的一天，张伟根完成当天工作后最后一个离开，细心的他在关闭中央空调时敏锐地察觉到风机声音有些异常。虽然这并不属于他的工作范畴，但他仍是第一时间向上级领导上报了这一情况。得益于张伟根的及时发现，避免了电机烧坏而可能造成的损失。这在张伟根看来，是偶然的顺手为之，也是他作为一名老员工的责任感使然，更是从未想过以此获得某些奖励。然而，在青蛙王子的企业文化里，每一份的努力都值得嘉奖和鼓励，他成为公司为数不多的获得"跨部门嘉奖通报"的员工。这件事张伟根至今仍记忆犹新，不仅仅在于一份公司对普通基层员工的认可，更是让他加深了对青蛙王子的归属感。即便岗位不同，他们也都是青蛙王子大家庭的一分子，共同为着同一个目标和梦想而奋斗。

随着张伟根生产技能愈加成熟和稳练，他的身上也增添了"丈夫""父亲"的标签。如今已是三个孩子父亲的他，言谈话语间充溢着幸福、满足的味道。十年相依相伴，张伟根对青蛙王子有着深厚的感情和浓浓的归属感，他的这种情绪也时刻感染着他的家人。十岁的大儿子常常自豪地说道："这款护手霜是我爸爸做的！"对于张伟根而言，这是青蛙王子给予他的另一种幸福。

美国著名钢铁大王卡内基曾说过："将我所有的工厂、设备、市场、资金全部都拿走，但只要保留我的组织和人员，4年以后，我将仍是一个钢铁大王。"在青蛙王子公司里，和张伟根一般入职十年甚至更久的员工并不在少数。正是青蛙王子"以人为本"、对员工如同家人般的大爱与包容，吸引了他们将人生的十年、二十年青春都奉献给这家民营企业。青蛙王子面向所有人敞开怀抱，无论是生产一线的基层员工，还是研发的高端人才，都为他们提供了施展能力和才华的广阔舞台。

FrogPrince 青蛙王子

我的第二个"家"

作为扎根于漳州本土的民营企业，青蛙王子很大比例的员工都是来自于漳州本地，当然也不乏很多慕名而来的其他城市的员工。他们往往将青蛙王子当作自己的第二个家乡，在漳州安家落户。青蛙王子在哪里，他们的家就到哪里。

风雨无阻，开疆辟土

如果十年前，两个公司向你抛出橄榄枝，一个是世界五百强的洗护巨头联合利华，一个是正处于飞速上升期的知名儿童日化品牌青蛙王子，你会如何选择？陈俊福毫不犹豫地给出了他的答案："我认为青蛙王子作为扎根于本土的知名品牌，比国外品牌更懂得国人需求，未来的发展空间也会更大。"如今，他已经从最初的城市经理成长为负责鲁东区域市场开发管理的区域经理。

十年间，陈俊福奔波于市场一线，为公司开辟疆土，维护客户。不论是作为城市经理，还是需要独自管理4个城市经理及11个客户的鲁东区域经理，变的只是职位，不变的是陈俊福身上沉甸甸的责任。肩负着为公司拓展、维护客户的使命，即便身在山东，他也并不能时常回家，然而他却乐在其中。在他眼中，为公司拓展新客户，是一件特别有成就感的事情。这意味着有更多的孩子能使用青蛙王子的产品，青蛙王子对儿童的呵护与关爱也随之传递得更远。

常年出差在外，公司的关爱和支持给予他前行的动力。公司从不拖欠差旅经费，甚至每逢周末或节假日会提前发放，来自大后方的支持让他内心无比踏实，就像在外的游子时刻被家人牵挂一般。这个说话带着山东口音的男人，没有太多的豪言壮语，却把事情踏踏实实做在了实处。对于未来的发展规划，他会一如既往地跟随青蛙王子的脚步，让青蛙王子的产品遍布全中国每个角落，为家家户户带去青蛙王子的呵护与感动。

恪守职责，把好源头关

作为一线销售在开发市场的过程中要有寸土必争的决心，作为上游的采购也要"锱铢必较"，在采购高质量材料的同时尽可能为企业节省成本。2009年，刚刚大学毕业不久的方钏辉也加入青蛙王子，成为众多采购专员中的一员。

不想当将军的士兵不是好士兵。方钏辉从点滴做起，踏实地完成本职工作，逐步从采购专员做到采购主管，最终被公司任命为采购部门经理。把控宏观大局，带领团队达成公司既定计划和指标。入职十年，让方钏辉备受感动的是，面对新的国内国际贸易形势的变化，公司积极组织多场系统化培训，帮助员工提升知识技能，快速适应新形势、新环境，磨炼出许多在岗位上更加游刃有余的优秀员工。

双职工，一直是青蛙王子令人称赞的软性福利。方钏辉与妻子一同来到青蛙王子，分属不同部门的两人，在工作中互相配合，生活中相互扶持，有着超高的默契度。作为湖北人的方钏辉，因为青蛙王子，现如今已经对漳州产生了极大的依赖，他将漳州当作第二个家乡。在这里做一个"造梦者"，做自己热爱的事业，坚守初心，追逐梦想，为将青蛙王子打造成国际化知名品牌的共同目标而奋斗。

25周年是青蛙王子里程碑式的一年，也是公司步入辉煌的重要节点，作为青蛙王子大家庭中的一分子，方钊辉万分期待这一天的到来。他将继续恪守职责，在采购这个平凡岗位上做出不平凡的业绩，为青蛙王子的辉煌奉献自己的萤火之光，期待下一个十年的到来。

人生第二次选择也可春暖花开

25年时间，说短不短，说长却也不长。平凡却不平淡的发展历程，使青蛙王子得以从灰瓦砖墙的厂舍走进气势磅礴的工业园，也从懵懂青涩的创业新星变为强大健硕的成熟企业。

公司的崛起离不开每一位优秀的领导者，是他们用双手刨开了这片土地，为这颗懵懂的幼芽埋下了一线生机，用心、用情、用力，不断浇灌，不断施肥，夜以继日地守护左右。和润公司副总经理谌云根就是这样一位领导者。虽然加入青蛙王子的时间不长，但他已经深深融入了企业的血脉之中。他追求完美，埋头苦干，是整个团队的领头羊，在他的带领下，全国各地的销售团队团结一致，克服了一个又一个难关。

初来乍到请多关照

谌云根之前在广州从事食品工作，有灵活的头脑和踏实的作风，事业也算比较顺利。2015年，一次偶然的机会，他和朋友一起吃饭时聊到青蛙王子。在听了朋友满满的溢美之词后，谌云根对青蛙王子的工作氛围和企业文化产生了浓厚的兴趣，并找了个机会到公司参观。在这里，他亲眼看到了员工们做事的态度和激情，也深深感受到公司发展的前景。这让他更加爱上了青蛙王子，并下定决心来这里再博一片光明的前程。

通往成功的道路往往布满荆棘。谌云根做过食品和成人日化产品的销售，虽然都是快消品行业，但与之前相比，进入儿童日化行业也算是一个跨度颇大的转变。以食品行业为例，因为毛利率非常低，所以食品行业的服务半径很短，追求的是物流的速度、辐射的效率和分销的覆盖率，但青蛙王子则更追求在质量和覆盖率基础之上的单点产品销售率。品类不同，意味着销售重心和渠道中心不同，营销团队的配置也就不同，需要再探索研究全新的营销策略。在一次营销部门的会议结束后，李振辉董事长叫住了他。李董让谌云根跟自己一起回到办公室，然后亲手泡了一道茶给他，语气和缓地问："最近看你总是愁眉不展的，是不是遇到什么问题了？是工作上的事，还是家里的事？"谌云根以为李董找自己是为了责问，没料到他竟然是如此温和的态度。面对这样的李董，他松下了紧绷的神经，慢慢把自己的苦闷和压力倒了出来。李董听完他的诉说后，哈哈一笑。他对谌云根说："你才来了几个月，不要给自己太大压力嘛！虽然行业不同，但是营销工作的本质和顶层管理都是相通的。我相信，以你的能力和悟性，很快就能解决这个问题。我作为发工资的人都不着急，你就更不用着急了！"

这番话，如同一颗定心丸，让谌云根在备受鼓舞的同时，更加坚定了以出色的成绩回报李董信任的决心。他仔细回想了过往的销售经验和营销秘诀，潜心研究了青蛙王子近十年来的销售数据，再对比行业内优秀竞品的营销模式，终于从中摸索出了一条可行性颇高的道路，制定出青蛙王子独特的销售战略。没多久，他所带领的营销团队的销售业绩就开始稳定上升。

蛋糕虽小，勤能食之

近两年，随着电商的发展，线下销售受到了很大的冲击。每每思及这个问题，谌云根都显得很冷静。他认为，线下零售受冲击主要有两方面原因，一方面是整体人口红利，包括消费驱动性减弱和人口老龄化，另一方面是中国目前人均贷款利率逐年增高。

在实体经济环境不好的情况下，电商行业抓住时机快速拓展。事实上，从2014年开始，传统的线下销售就显得有一些压力了。尽管如此，谌云根和他的团队仍将业绩保持在一个较好的增长率上，用他的话来说就是，蛋糕虽然越来越小，但是只要吃的速度比别人快、吃的频率比别人高，依然可以吃到更大的份额。只要公司的效率比别人更高，竞争力更好，业绩就能增长。谌云根经常对自己的团队成员说，做业务，没有什么捷径，不外乎"起早贪黑"四个字。只要勤奋，多做点事情，总能打赢别人。

以我成长伴你同行

进入青蛙王子的四年来，谌云根深刻地体会到，团队在成长，自己也在成长，其中，令他最为满足的，莫过于获得了归属感和人与人之间互相关怀的温度。以前在广州工作时，公司人员的流动性比较大，工作团队之间每天只有八个小时的交集，工作以外的时间鲜有往来。来到漳州这个处处充满人情味的小城市，小城市里的团队距离感大大缩减，一个团队先是一群朋友，然后才是一个工作团队。

一个人的改变，离不开周围人和事的影响。谌云根认为，集团董事长李振辉和和润公司总经理刘龙平不断给予他的提携和帮助，是自己成长的极大助力。领导身上那种对下属充分信任、无私给予的优秀品质和简单、自律、积极的生活态度让他所获颇丰，更让他意识到，公司良性发展需要的正是这样一种健康向上的氛围。

谈到企业文化，谌云根用这样三个词来形容他心中的"青蛙王子"——情怀、向心、包容。首先是情怀，如果不是有着对儿童日化行业深沉的爱，青蛙王子不会坚持这么多年，没有这样的情怀，将导致一事无成；第二个是向心，心往一处想，力往一处使，能够从侧面巩固销售团队的人心稳定；第三个是包容，包容员工缺点，给予时间让他人改正缺点。每个人都会犯错误，但好的企业会把员工的优点和缺点分开，发现优点，包容缺点。

谌云根认为，在青蛙王子，他从不确定性中体会到挑战的乐趣，实现了自身的价值，获得了无限的归属感。心怀感恩，必将一路同行。

温暖与智慧并存的管理之道

一个企业的成功，离不开制度化的建设与人性化的管理，一个拥有前瞻性和人文关怀的老板，能使企业在面临转型之际险中求胜，更能激发员工无尽的创造力。

林金周与青蛙王子，是一场偶然的相遇，却又是一场必然的互相铸就。睿智的老板与开放的公司氛围，让林金周找到一处发展的沃土；林金周过硬的专业知识和能力，又使公司的财务管理逐步实现体系化、制度化。

初次结识，是命运的安排

命运总是充满着机缘。2008年，在青蛙王子上市筹划会上，林金周作为中介团队的成员之一，第一次接触到青蛙王子，他负责帮助企业整理数据，做一些上市前的准备工作。这也是他初次与李振辉董事长进行面对面接触。同年7月，林金周率领团队来到青蛙王子长期工作，因此与李董和公司有了更多的接触机会。

经过三年的谋划与筹备，2011年，青蛙王子在香港成功上市。经过与李董长时间的合作与沟通，林金周发现，李董不仅对于公司发展之道具有独特的见解，并且对员工非常信任，是一位值得追随的榜样老板。面对李董的盛情邀请，林金周决定以正式员工的身份留在青蛙王子。

进入青蛙王子后，林金周在困难与应变中逐渐成长。最初他担任主管，不久之后，又被提升到了副经理。2013年，青蛙王子公司在资金方面遇到了一些问题，林金周带领他的团队全力以赴去解决问题，最终攻克了难关。此后，公司愈加重视财务管理工作，并重新调整了财务部组织结构，林金周也正是在此时从副经理提升到经理的位置。

睿智谋划，促成大业

2014年，林金周开始参与公司内部组织架构调整工作，在涉及公司财务架构方面，他利用专业知识凝聚成了可行的理论，并且组建了专业的财务团队。在他的带领下，整个财务团队齐头并进，有序工作，并成为公司发展的核心团队，为公司的发展贡献着不可或缺的力量。

通过精确的财务数据统筹公司各部门，让财务部门的职能得到充分体现，并且逐步形成了一个财务机动型的公司管理体系，即整个公司的业务和管理问题都可以以财务的数据去倒推。当某些指标出现问题时，针对这个指标寻找其背后的原因，从而去改善整个公司的管理。财务方面的逐渐成熟，实际上是企业学会了用财务数据做更高效地管理。

人性管理，精准预算

在青蛙王子工作的这些年里，最为触动林金周的有两个方面，一是李董的为人与能力，在与李董的深入接触中，林金周深深地感受到他的平易近人，没有老板的架子，质朴简单，并且常常为员工着想，工资以及其他福利都准时发放，员工的实际困难也都看在眼里。这样的老板，既有成就事业的前瞻性，又有温暖的人文关怀，是值得整个团队信任和追随的。二是企业提供优质的平台，有的新员工初入公司，在专业方面可能会有所欠缺，达不到企业要求，但是公司还是会提供平台，与他们一起进步与成长。

林金周强调说："虽然不一定懂得怎么做、怎么管理，但是这个平台会给你这个机会，让大家一起共同成长。"青蛙王子在25年的时间里，已经发展得非常完善，甚至可以用"传奇"两个字来形容。从1994年一个小小的加工企业，到现在集团化的管理，其经历了非常迅猛的发展。集团内部形成良好的风气，鼓励员工学习现代化的管理方式和流程，并在学习的过程中结合实际进行论证，从而激励和培养了一大批优秀员工。

财务管理其实就是用数字管理的一种方式，通过一种新的线上的数据系统，把整个流程中包括采购、生产、库存、工艺链、销售等，用数据导入到系统里面，数字的支撑起到了非常大的作用。从2013年开始，财务管理有了一个新的工具，即"预算管理"。预算管理的地位乃重中之重，根据第二年的战略方向，合理预算年度财务支出金额，并严格按照预算进行管理和控制。

公司能够取得成功离不开每个管理者和员工，而员工们之所以愿意为公司付出，离不开公司提供的优厚福利和待遇。在整个漳州地区，青蛙王子的平均薪资处于中上水平，并且有双休日。另外，为了方便职工接送子女上学，青蛙王子还创办了幼儿园，让员工上下班时间与接送孩子上学放学时间同步，不用再担心孩子没有人照顾。如此优厚的福利肯定会增加财务成本，但林金周表示与这些大的战略对比，往往只要愿意去付出一些小的成本，就可以留住更大的收益。

未来，林金周表示自己将更为主动地学习与进步，跟上公司的快速发展，为公司发展提供更好的技术服务。

企业的成功离不开巧妙的管理之道，更离不开温暖的关怀，林金周正是在这样开放的企业文化和温暖的关怀中得到感悟，施展了自己的能力，收获了一份付出后的感动和快乐。

激活近百人电商团队的战斗力，从搬家开始

1999年，青蛙王子品牌正式面市。这一年，也是中国电商起步的年份。

2003年，28亩生产厂房的竣工投产，标志着青蛙王子自有生产线的建设开端。与此同时，一场席卷全国的"非典"，成为中国电商市场创新发展的"催化剂"。

2008年，不断发展壮大的青蛙王子，开始兴建新生产线，策划推出更多产品。同年，京东商城和淘宝商城这两座B2C模式里程碑的树立，为中国电商的高速发展吹响了号角。

2011年，青蛙王子在香港联合交易所主板上市。而从这一年开始，O2O模式与传统电商的融合，为中国电商市场描绘了新的版图。

......

也许是天意安排，青蛙王子的发展历程，竟然与中国电商发展史"神契合"。这也让以李振辉为核心的企业高层很早便产生了布局电商的念头。2012年，青蛙王子官方旗舰店正式于天猫和京东上线。仅仅一年后，青蛙王子网络销售端便实现了逾千万元的收入。2018年双十一，电商团队为集团交上了一份价值3000万元的答卷，比2017年翻番。

机会只留给独具慧眼的人

从厦门北站出发，向西南方向约五分钟车程，便能看到一栋灰白色的大楼。这里便是青蛙王子大家庭中最年轻的团队之一——和创电商的所在地。这里距离漳州约50公里，和创团队的"带头大哥"刘龙平，几乎每周都要往返于两地。

2004年便正式进入零售行业的刘龙平，从基层销售人员做起，经过十几年的历练，成为青蛙王子营销系统的掌舵人。作为在传统销售领域浸淫多年的人，他坦言，一开始对电商是发怵的。因此，从2012年到2016年的四年间，青蛙王子的电商业务，一直是交由专业代理公司运营的。然而，随着电商行业的高速发展，长期身处销售一线的他，自然清楚地看到国内外电商对传统零售业造成的冲击。如果说传统零售的本质是"人找货"，那么随着电商的发展，消费者越来越习惯"货找人"的模式。加强线上销售的力量，势在必行！

于是，从2016年1月起，青蛙王子决定开始组建自己的运营团队。对福建的企业来说，春节之前是上一年的盘点时间。所以，从春节假期复工之后，和创团队才真正开始招兵买马、徐图征进。仅仅用了半年时间，团队便以肉眼可见的速度飞速壮大。

人才是团队前进的动力

就在一切看起来平稳发展的时候，公司作了一个重要的决定——将和创搬到厦门去。

"搬家，最核心的原因还是专业人才和工作氛围。"刘龙平说。漳州是一个生活安逸的小城，但在年轻人的眼中，这样的生活，适合养老，却不适合打拼。从统计数据来看，漳州市已经成为福建省老年人口比例最高的城市。而电商，恰恰又是一个年轻化、快节奏、高强度的行业。刘龙平回忆说，自成立起，和创团队的办公区在青蛙王子整栋大楼里，几乎每天都是最晚关灯的。"整个公司只有一个部门每天加班，时间久了，氛围就慢慢不对了。"

　　诞生于漳州，发展于漳州，青蛙王子在这片土地上有着稳固的根基和故土的情怀。作为和创团队的负责人，刘龙平在迁址这件事上，的确纠结了很久。最终让他下定决心的，是一封辞职信。小林是一位业务能力颇强的员工，惜才的刘龙平想要挽留住他。在促膝长谈中，小林告诉他，准备离开福建，去广州或深圳闯一闯。"我喜欢做电商，但这个工作，在漳州是很难有大发展的。"小林恐怕没有想到，自己的一番肺腑之言，成为促使和创团队整体搬迁到厦门的导火索。

　　2016年8月，和创团队初到厦门，在观音山附近租了一层写字楼。同区域的公司中，大多是自媒体、文创、电商等充满朝气的团队，而写字楼周边，则是特步、安踏这样的知名企业，他们的办公楼几乎每天都是灯火通明。这样的环境，迅速激活了和创团队的活力和斗志。

战绩斐然的首场狙击战

　　2016年双十一，是和创团队组建以来遇到的第一场"狙击战"。从预售期开始，到这场购物狂欢完全落幕的半个月时间里，和创的每一位员工都像是经历了一场"洗髓"。亲身经历了这场鏖战的配货人员小黄对那几天记忆犹新："累，是真的累！每天能睡四五个小时就很不容易了。把货全部发完的时候，刘总说给我们放几天假，让我们赶紧回家休息，但是我兴奋得完全睡不着，整个人像打了鸡血了，满满的成就感。"

和创团队的出色表现，也为他们赢得了集团的加倍重视。不仅将团队架构从原来的十几人扩张到近百人，还根据工作需要，为员工们配备了最新的电脑和相关电子设备。面对电商行业日新月异的变化，和创团队还建立了完整的培训体系，除了定期请专家给员工们讲课外，还送表现优异的员工去厦门大学、集美大学等高校的商学院进修。2017年底，更是大手笔地在厦门集美区买下一栋大楼，作为电商团队的自有"根据地"。

刘龙平有些骄傲地表示，目前，青蛙王子产品销售份额中，线下保持相对稳定的状态，而最核心的增长却是在线上，每年可以做到亿元级的销售额。"我们做产品营销，最基础的工作就是分析消费者、解读消费者。母婴产品的核心购买人群，是0～12岁儿童的父母。随着80后、90后逐渐为人父母，产品营销也必须随之创新，不能用10年前的经验去应对新一代的消费者。如果说传统的商超、门店渠道是守株待兔的话，电商渠道就是我们应对新零售模式的主动出击。从这一点来说，和创团队很幸运，能成为青蛙王子的先行军。"刘龙平说。

对待新人，那些想到的、做到的和给到的

　　新厂房，新设备，新理念，2015年以来，青蛙王子步入发展的快车道，对于人才更是求贤若渴，每年招募大量新人，为青蛙王子不断注入新生力量。如果说人才储备是检验企业是否具有行业影响力的一把标尺，那么能否留住人才、培养人才则是考验企业在管理制度和企业文化方面的试金石。在塑造企业文化方面，青蛙王子当之无愧是行业的先行者，从招募到管理，青蛙王子有一套自己的体系。人力资源部门数据显示，青蛙王子的员工流失率在行业内很低，员工满意度也超过行业平均水平。

好苗子从种子培育，管培生制度储备管理人才

　　"最初接触到青蛙王子是在一次花博会上，我作为志愿者参加了那次活动，对青蛙王子的品牌有了初步了解和好感。之后便很快前来

应聘，过五关斩六将，成为了青蛙王子的一员。"乐秀玉是 2018 年以管培生身份招进人力资源部的新员工，在她初入职时，青蛙王子的管培生制度已实施三年。

这项面向应届大学生的项目，旨在为企业培养全方位的管理人才。管培生的特点之一，就是不占用企业的人员编制，根据企业需要和管培生个人特点进行安排，增加他们的可塑性。

令乐秀玉没想到的是，她入职时正好有同事休产假，人力资源部人手不足，她就很快承担起了普工招聘的正式工作，这对于一个刚走出校园的应届生而言是个难得的机会，但最初的一个月乐秀玉几度想要放弃。那段时间，她白天要与同事轮换下车间支援生产，晚上要处理办公室工作，即使周末也要到外面摆摊发放招聘传单。习惯了学校时的安逸轻松，这种突然的转变让乐秀玉有些难以适应，甚至有时她会躲在被窝偷偷地哭泣。但最终，她还是咬牙坚持适应了下来，并逐渐做得如鱼得水。"像是有一把无形的手在推着一样，催促着我快速学习成长。"乐秀玉说，"那一个多月，好像比在学校半年学习的还多。"

乐秀玉的日常工作，除了进行人员招聘，另一项工作内容就是处理员工之间的人际关系问题。有同事之间因为一点小事起争执的，有因为家庭或其他原因有情绪问题的，人力资源部都有义务去帮助他们。作为人际关系的润滑油，让员工之间的关系更加融洽和谐。

或许因为工作交集密切，人力资源部办公室的工作氛围非常和谐融洽，周末的时候，大家时常会相约旅游、聚餐，领导也会时不时地犒劳大家，买一些水果茶点。办公室和谐友爱的氛围也是乐秀玉坚定留下来的一个重要原因。

在青蛙王子这一年的锻炼让乐秀玉实现了从校园到社会的顺利过渡，乐秀玉成长了很多。对于未来她也信心满满。乐秀玉说她想进一步提升自己，除了普工招聘，希望未来还能够参与主导中高级人才的招聘，并掌握人才测评的技能。"很感恩青蛙王子这个平台，我会不断提升自己的能力，努力成长，为公司招来更多的人才，也让自己成为人才。"

好公司自留人，完善管理制度打造归属感

乐秀玉在青蛙王子的一年间招进了不少普工，沈丽云就是其中之一。

2018年，沈丽云从老家来到漳州，加入青蛙王子，成为一名香水灌装车间的工人。沈丽云笑言，这是一份有香气的职业。"我从来不

用香水。"紧接着她笑着解释,"整天在香水车间待着,香味洗都洗不掉,哪还用得到香水。每次下班骑车回家等红绿灯的间隙,路人都会因我身上所散发的香气所惊讶,有时候被人看得特别不好意思。"

沈丽云所在的香水车间实施的是计件模式,多劳多得。大多时候,上下班都很准时。遇到工期紧张的时候,他们也会主动加班加点,按时完成任务。大家齐心协力去完成共同的目标,感觉很好。公司的福利待遇也带给沈丽云很多小幸福。每个季度的福利品、逢年过节的年货奖金、生日礼券,都成为生活中的惊喜。这些福利的背后,是公司对每个员工深深的关怀。公司为生产车间的普工也上了"五险一金",这是很多本土企业做不到的。另外,公司还为每个部门安排了年度团建基金,和同事们一起,带上自己的家人快乐出游,特别美好。大家因为青蛙王子而相聚,感觉青蛙王子就像一个和谐的大家庭。

青蛙王子安全、优质的产品品质,来源于对生产流程和细节的严格把控。对此沈丽云所在的灌装车间要求尤为严格。为确保灌装车间的无菌环境,进入前有一整套的消毒净化操作流程。工人必须换好工作服、帽、鞋,佩戴好口罩,再经过紫外灯和臭氧的杀菌消毒之后才可以进入。

除了车间生产安全,公司更是细心地体察员工在外的交通安全。

在青蛙王子，非住宿员工每天上下班的路上必须穿戴"反光衣"，保证行车安全。为培养员工的穿戴习惯，公司还专门设立"交通安全督察员"，监督每位同事养成好习惯。沈丽云说："这项规定虽然强制，但是却很暖人心，说明公司关注的不只是生产和效益，也切实为我们每个人的安全考虑。"

谈起工作，沈丽云满脸的知足："很好啊，我们的团队很和谐，大家互相帮助，领导也很好。"在青蛙王子，每年都有很多新同事加入，不论是普工，还是各个部门专业人士，一旦进入青蛙王子，都会被其和谐包容的企业文化所感染，被企业无微不至的关怀所感动。用一个词来说，就是"归属感"吧。对很多人来说，他们需要的并不多，一份稳定的工作，一份过得去的收入，一份体面的生活，就是一种生活状态的舒适。这些，青蛙王子全部都做到了，并且远远超过员工的所求所想。

对于这样一个好企业，有什么理由不留下呢。

十八年，从职场小白到中流砥柱

2001年，还是职场"小白"的韩新彬，在朋友的引荐下，走进青蛙王子的公司大门。她还记得，当时面试自己的正是青蛙王子的掌门人——李振辉董事长。李董对她说："年轻人，当然要拼一拼，不然白白浪费了这么宝贵的青春。"就这样，韩新彬在青蛙王子的这"一拼"，就是18年。

步调一致，与企业同行

彼时，仅仅成立两年的青蛙王子还只是一个正在摸索中前进的新品牌，无论企业架构还是产品体系，都远未形成气候，甚至可以说只是形成现代化企业的雏形而已。品牌起步阶段，急需打开市场，提高知名度。韩新彬刚进入公司，便加入营销部门成为一名业务跟单员，负责对接福建省内代理商。会计专业出身的她，对于财务数据和流程逻辑有着天然的敏感度，总是能清晰而条理分明地解决代理商的问题，因此，短短两三年时间，她就从基层跟单员晋升为客户服务部负责人。

随着业务的发展和产品的丰富，2004年，公司搬到了漳州市龙文工业开发区。与以往的办公场地不同，这个两万多平方米的新厂区，不再是租赁用地，而是由企业全资新建的办公区和生产区。参加新厂区乔迁剪彩仪式时，韩新彬不禁激动得热泪盈眶。她深知，从此时起，青蛙王子彻底摆脱了昔日"小作坊"的面貌，真正蜕变成为一家集科研、开发、生产、销售、品牌管理于一体的现代化企业。而自己作为企业的一分子，也将伴随着企业发展的步伐，开拓出个人的新天地。

令韩新彬没有想到的是，这片新天地竟然如此之"新"，来得又是如此之"快"。

机会只留给果敢抉择的人

拥有专属的厂房和办公区，对于青蛙王子来说，意味着有了更大的发展空间和更自主的发展规划。面对一片欣欣向荣之势，具有现代企业家思维的李振辉董事长，果断摒弃了闽商企业常见的家庭式管理，引入了三位职业经理人。专业管理人才的加盟，无疑为企业发展注入了新鲜血液。但引进人才的数量毕竟有限，如何能让整个企业都实现更专业、更规范的管理呢？李董提出，可以让企业内部有能力的老员工，加入由职业经理人带领的团队，学习现代管理制度，从而促进企业进一步提升。

而此时的韩新彬并不知道这个消息，因为当时的她正在休产假。自从企业规模扩大后，韩新彬所在的营销部也升级为营销中心，而由于她此前的出色工作，升级后的营销中心客户部便交由她全权负责。不久之后，因为对订单跟踪环节的了解，韩新彬又被调整到物流部门担任负责人。回忆2007年那段时间，她笑言自己是"在百忙之中生了个孩子"。一天，正在家中休产假的她接到了李董亲自打来的电话。李董告诉她，公司准备对工厂进行升级，目前正好缺一个负责人。经过企业高层评估，既懂财务又懂营销，还与产品生产有过直接接触的她，无疑是最完美的人选。唯一棘手的是这个岗位需要立刻投入工作。韩新彬思考了一晚上，决定接下这个任务。

产假只休了四十几天的她，就这样，风风火火地回到公司，正式调入了洗护工厂工作。而她当时的直接领导谭明飞，正是新来的三位职业经理人之一。在丰田公司工作多年的谭明飞，拥有非常丰富的团队管理经验，也有着日企管理独有的细致和严谨。尽管也带过团队，但韩新彬的管理经验仅仅来自于自己多年的摸索和实践，跟着资深的职业经理人，她才系统地了解到现代企业管理中的种种流程，更重要的是，学会了如何用更规范的方式让企业适应不断变化的社会环境。

以诚待人，才能换来真心回应

由于人力成本的不断上涨，对于青蛙王子这样的实业企业来说，自动化生产是一条必经之路。走马上任的韩新彬，遇到的首要任务就是逐步推行工厂生产的自动化。经过几年的筹备，2015年，公司引入了两条全自动生产线。多款销量爆款膏霜及洗沐产品，逐步实现自动灌装、自动锁盖、自动贴标和自动装箱。在原料配制环节，也能够通过智能化设备来操作，由电脑控制产品的原料配比、稠化、温控等步骤。

自动化生产使青蛙王子品牌的产品有了更稳定、可靠的品质，但对于习惯了人工或半自动化生产的老员工来说，却是不小的挑战。韩新彬还记得，第一条自动化生产线正在进行安装时，两位从事了五六年贴标工作的老员工专门找到她。两人开门见山地问："我们哪里做得不好？公司用机器进行生产，是不是要辞退我们？"韩新彬非常理解工人们的情绪，更明白这个问题看似是由两人提出，但其实代表了大多数工人的心声，与其遮遮掩掩，不如坦诚相待。因此，她并不在意对方有些尖锐的态度，而是温和地对他们说："自动化生产是大势所趋，既是咱们企业的战略规划，也是整个日化行业的发展需要。事实上，自动化生产并不表示就要辞退大家，反而是为大家提升工作能力提供了一个机会。再先进的机器，都只是机器，需要有能力的人来操控它们。像你们这样的老员工，熟悉生产流程和产品质量，如果再掌握了新的技术，不是更有利于自我提升吗？"一番诚恳而务实的长谈后，不仅打消了工人们的抵触情绪，更激发了大家主动学习新技术的积极性。

在担任工厂负责人的很长一段时间里，韩新彬都还不适应员工喊她"韩厂长"。"以前总觉得'厂长'把我叫老了，"她笑着说，"不过这几年也慢慢习惯了。"随着90后、甚至00后走向社会，企业员工的构成也越发趋向年轻化，如今在工厂里，90后员工就占了总数的三分之一。一批批年轻员工进来，韩新彬总是会尽量抽出时间亲自给他们进行培训。"工厂制度、工作要求这些内容，都是人力资源部门或车间负责人进行培训，我主要做的是企业文化和情感方面的培训，毕竟我可能是整个工厂资历最老的人了。"如果说一开始听到"韩厂长"这个称呼，还有一些年岁渐长带来的惆怅，现在的韩新彬显然已经很习惯了，这三个字之于她，意味着肩负的责任，更象征着岁月带来的沉淀。

第三章

如何挖掘合作伙伴这座"金矿"

如何与合作伙伴打造利益共同体

一个志同道合的合作伙伴对于一家企业来讲，如同并肩杀敌的战友，某种程度上用"同生死，共命运"来形容，一点也不为过。在共同进退的商业环境中，企业与合作伙伴需时刻以利益共同体的战略思维，维护良好的合作关系。

以家人待之，以诚信处之，以共享维之。青蛙王子视合作伙伴如金矿，事事为对方着想，时时与对方沟通，处处为对方服务。供应商与经销商如同青蛙王子的一对强有力的臂膀，与青蛙王子一起在风云幻化的商业战场上，奋力前行。

一、供应商：打造现代化供应链管理体系

一直以来，青蛙王子都非常重视与供应商的战略合作及新供应商的培养工作，秉承诚信为本、合作共赢的原则，执行规范化、现

代化的供应链管理体系，对产品开发、采购、生产、成品及运输各环节进行科学有效管理，为企业实现快速开发、供应及时、保障品质的良性运行态势，精准满足市场及消费者的需求，提供坚实的供应链保障。

（一）制度、管理、监控，一个都不能缺少

目前，青蛙王子拥有一套完善的供应商管理体系，并在供应链管理的各个环节均制定了规范化的流程、制度和标准，采取有效激励管控措施，确保供应链各环节协同作战，形成良性的互动合作关系。

在制度制定方面，青蛙王子通过制定《供应商准入管理制度》《供应商开发与评鉴》等管理制度，明确了供应商的分级分类管理、供应商开发标准、供应商评审和淘汰制度等，为持续提升供应商管理水平提供完善的制度保障。

在准入管理方面，青蛙王子通过《供应商准入管理制度》开发匹配的供应商，同时通过采取供应商评鉴、评优，供应商辅导、培训等措施，培养出合格的免检供应商以实现物料快速供应。通过建立供应商门户管理系统，即供应商预约平台、招标平台、VMI管理平台、OA订单管理平台等信息化管理系统，打造供应链一站式服务。对于

供应商不符合规定资质、偷工减料等欺骗行为，青蛙王子采取零容忍态度，坚决予以淘汰。

在产品开发方面，青蛙王子在产品开发前期，由客户、工厂及供应商组成开发小组，共同参与开发及论证，在满足市场需求的同时确保产品的可操作性和实用性。在引领消费需求的同时以更合理的设计成本，确保产品的成功开发，提升产品的美誉度。同时，在产品配方设计、打样等环节，青蛙王子执行严格的专业验证，制定相应的执行标准（SOP），确保产品品质符合国家法律法规及行业相关标准。

在生产监控方面，青蛙王子在生产工厂建立可视数据监控中心，建立自动化生产、智能设备及信息化生产管理系统，实现设备的互联与集中监控、制造过程的数字化、制造环节的可视化及生产工艺的自动化；以信息化手段规范并改进各个环节的业务模式，最终实现整个流程信息的集中统筹、透明管理、快速反应、高效生产，充分挖掘企业潜力，保障生产精益管理和品质管理，打造集工业大数据和"互联网＋"为一体的绿色智能工厂。

（二）前端、后端、中端，一丝都不能马虎

一直以来，企业一味追求最低价格成为供应链管理中最大的管控误区，甚至有企业无节制地盲目压低采购价格，认为只有这样才能有

效降低供应链成本。其实，供应链管理是一种协同性战略，围绕销售计划、产品开发、采购供应、生产运营、仓储物流等各个环节展开。因此，供应链管理成本的高低应该是各个环节的综合体现，而不是单一环节下的单个表现。

对此，青蛙王子有效整合上下游操作，将开发过程、交付过程、质量服务过程同采购价格结合为成本管控的整体，通过重视、培养与发展战略供应商，保障供应商的合理利润，避免供需中任何一方因利益失衡导致的发展不平衡，实现双方的合作共赢、共同成长。同时，青蛙王子在不同环节进行针对性管理优化，不断提升运营效率，降低综合成本。

在前端，不断强化产品管理，通过品类梳理、产品优化有效提高供应链规模效益。

在后端，通过选好及管理好专业供应商，来降低产品成本且加快供应速度。

在中端，通过提高计划准确率来降低库存，提高库存周转率。

在市场端，不断改善市场销售计划需求，控制库存，有效平衡需求和供应。

（三）稳定、高效、智能，一点都不能忽视

可以说，高效的供应链管理让青蛙王子取得了快速开发、及时供应、品质保障、成本合理等市场竞争优势。随着企业规模越来越大，也有效避开了高成本、高库存、重资产的供应链管理误区。供应链综合效率的不断提升，在降低综合成本的同时，为青蛙王子带来了看得见的"利润"，让企业在市场的竞争优势不断得到提升。在这个过程中，青蛙王子逐渐确立起了三大市场竞争优势。

首先，青蛙王子在保证订单持续稳定增长的同时，严格按照合同约定的付款时间支付货款，使青蛙王子拥有了稳定且不断优化的供应商资源。

其次，青蛙王子由于主力物料采购供应商大部分在福建省内，且基本采取VMI供应模式，这样可实现物料的快速供应。

再次，青蛙王子与全球知名的"巴斯夫""花王"等原料供应商建立战略合作关系，通过先进与全面的技术发展联盟，共同服务消费者。

更为重要的是，青蛙王子前瞻性地推行可视数据监控管理，为供应链管理插上了信息化的翅膀。在保障品质的前提下，青蛙王子通过信息化、自动化、智能化平台，为生产计划执行、分析提供更精准的

数据信息，充分挖掘企业潜力，不断提升生产效率，降低生产成本。同时，在物料供应方面，青蛙王子还通过JIT配送管理，不断减少在制品、物料等各环节的库存，加快现金流的周转，确保企业良性运行，从而增强企业竞争优势。

二、经销商：在共赢中蜕变

经销商作为企业与一线市场沟通与交流的桥梁，是企业是否了解市场、能否占领市场的核心、关键。对于经销商，青蛙王子一直秉承共赢互利、可持续发展、高效沟通和快速协同的管理原则，与经销商在市场竞争中形成了牢靠的利益共同体，不断提升企业在市场竞争中的开拓能力和营销能力。

（一）共赢：从利益保障到全心服务

青蛙王子成为中国儿童护理用品的知名品牌，离不开经销商为企业编制的一张销售网络。从成立至今，青蛙王子一直与经销商保持着良好的沟通与合作关系，不断打造齐心向前、聚力融合、共赢未来的向心力与凝聚力。

对于经销商，青蛙王子有着严格的筛选标准：1.诚信经营，有良好的资金实力和信誉度；2.良好的渠道服务能力；3.重视青蛙王子品牌的发展；4.优秀的经营管理能力和学习力。

对于合格的经销商，青蛙王子一直待之如家人，并大力支持和服务经销商发展。首先，通过不断强化销售团队和后台团队的服务态度和能力，全心全意为经销商提供各方面的服务；其次，通过全力控制渠道价格，合理规划渠道的费用投入，保障经销商的合理毛利空间；再次，通过合理管控经销商的库存以及库存结构，帮助经销商提升资金周转率，最大限度地减少损耗，提升资金利用效率。

而对于那些不遵守双方约定，破坏价格和市场秩序，市场费用弄虚作假，渠道建设上无所作为的经销商，青蛙王子向来不容忍，会依据相关制度约定及时终止合作关系。

（二）营销：注意避免三大误区

对于传统日化企业而言，日化产品与人们的生活息息相关，如何通过营销手段提升产品销量，是企业与经销商都非常关注的问题。

从产品认知层面看，青蛙王子聚焦于3～12岁儿童护理，并创造新的细分消费需求，倡导"分龄护理更专业"的理念。发展至今，产品主要涵盖孕、婴、童及成人四个年龄段。并于2019年，通过消费者的痛点洞察研究，创立了女童优护系列。

从营销理念层面看，青蛙王子始终秉承"专心致意，儿童护理"的经营理念，塑造"孩子更滋润，妈妈更开心"的品牌核心价值，并向消费者传达青蛙王子追求星级原料、星级认证、星级技术、星级文化、星级设备的"五星品质"，通过雄厚的综合研发实力打造高品质的儿童护理用品。

从营销手段层面看，青蛙王子不断创新，通过跨界合作，不断提升品牌价值。通过赞助《爸爸去哪儿》《闪亮的爸爸》等热门综艺节目，青蛙王子备受年轻一代父母的喜爱。所赞助节目致力于呼吁人们要给孩子更多陪伴和关爱，更是与青蛙王子"专心致意，儿童护理"的品牌理念高度契合，持续放大了青蛙王子的品牌效应。

从营销误区层面看，青蛙王子提醒经销商要注意避免三大误区。第一是广告误区。青蛙王子的消费群体主要在下沉市场，而有些广告投入渠道例如电梯广告则主要覆盖一二线城市，消费受众不匹配，影响广告投放转化效果。另外，如今流行的短视频广告，亦不能盲目跟风，需要综合评估线上店铺的销量基础以及口碑评价，否则将会影响销售转化效果。第二是渠道误区。市场已经从渠道为王发展到品牌为王，再到如今的爆品为王。这就要求企业和经销商团队都要与时俱进，敢于拥抱市场变革，学习互联网思维进行市场营销。第三是促销误区。如今的渠道促销方式过于单一，"贴黄符""贴红符"的价格战现象普遍，这导致企业运营成本上升，利润空间下降，同时还影响品牌形象。虽然有时候价格战不可避免，但也不能放弃底线终而影响产品品质，伤害消费者。所以，促销方式一定要不断创新升级，如通过陈列生动化吸引消费者眼球，促销物料有趣、有颜、有料等方式刺激消费者的购买欲望。

（三）蜕变：从"传统渠道"到"传统＋互联网渠道"

从成立以来，青蛙王子一直在销售终端精耕细作，早已形成了完善的线下渠道布局，实现了基本覆盖各大城市高端百货商店、商超、专营店的销售格局。然而，随着商业环境的快速变化，新零售时代的到来对企业和经销商都提出了新的要求。

为了应对快速变化的市场环境，满足不断成熟的消费者需求，经过综合规划与充足准备，青蛙王子从2017年开始推进实施全渠道战略。一方面，加大线下渠道布局，终端销售继续下沉商超，并创新性打造儿童护理中心，为卖场定制3～12岁儿童护理专区，让产品全面覆盖儿童洗沐、护肤、口腔三大品类，真正意义上对3～12岁儿童护理与婴儿护理进行区隔，为消费者提供更有趣、更个性的购物环境。

另一方面，为迎合新一代父母的消费习惯和"互联网＋"大趋势，青蛙王子结合品牌特性，采取精准策略，与众多富有影响力的相关企业展开战略合作。携手贝贝、美囤妈妈、天猫、苏宁易购、京东等平台，强强联合全面进军互联网电商领域。

从战略布局上实现全渠道覆盖，加速企业实现从"传统渠道"经营模式向"传统＋互联网渠道"经营模式的跨越，青蛙王子迈出了关键一步。通过聚势线上线下渠道，致力于打造一体化服务平台，推动线上线下渠道一体化发展，实现销售利益的最大化。

与经销商合作，一定要充满"人情味儿"

"你我都是'造梦者'"，这是青蛙王子20周年内刊卷首语的标题。在李振辉心里，他一直希望能与所有经销商、供应商朋友一起造就彼此的"梦想"。

虽然企业竞争是残酷的，但是缺少梦想支撑的企业无疑是缺少灵魂的。对于青蛙王子而言，如何与合作伙伴共同"造梦"，成为齐聚人心、奋力向前的核心理念。如同一家人、一条心，拧成一股绳，朝着一个方向，共同培育、爱护、成就"青蛙王子"这一中国儿童护理用品行业的知名品牌。

无可置疑的是，这注定是一项充满"人情味儿"的"造梦"事业。

"人情味儿"的相处之道

从2000年成为青蛙王子的经销商，河南许昌市润丽商贸有限公司在不知不觉中已经陪伴青蛙王子走过近20年的风雨历程。这不仅是对青蛙王子从小到大的见证，更是一条崛起成为一家颇具规模的商贸公司的成长之路。

在董事长李晓眼中，青蛙王子一直是一个有"人情味儿"的大企业。在最初与青蛙王子合作时，润丽商贸整个公司只有七八个人。在合作的近20年中，青蛙王子带给她的许多感动，都源自青蛙王子真正地将经销商视如"家人"般对待。

让李晓至今仍记忆犹新的是，每当销售旺季时，青蛙王子的销售团队都会来到超市与经销商一起奋战。无论是城市经理还是基层业务员，都是挽起袖子加油干，卖力吆喝吸引消费者，并亲自为顾客发放赠品，使出浑身解数帮助经销商推广产品。要知道，这原本不属于青蛙王子团队的工作范畴，他们本可以旁观指导。但从经销商角度出发，他们尽一切可能为经销商提供帮助，这让李晓感受到浓浓的"人情味儿"。

经销商作为青蛙王子大家庭的一分子，有一同经历风雨的时刻，更有携手铸就辉煌的经历。从参加经销商年会，到受邀参加香港上市敲钟仪式，这些青蛙王子的重要时刻，都有着经销商的身影。青蛙王子在合作中特别注重人与人之间的感情细节，每一次合作不仅从企业自身出发，更会站在合作方角度考虑周全。对李晓来说，青蛙王子的"人情味儿"可谓是彰显在每处小细节上。比如每次参加年会，青蛙王子都会派专人到机场接机，并在接送车上备上蛋糕、水果等小食，这让李晓倍感温暖。

细节决定成败，类似的细微关怀数不胜数，甚至已经成为青蛙王子习以为常的企业态度。"人情味儿"的相处之道，贵在设身处地地彼此成就，否则只能是刻意而为之的惺惺作态。作为经销商，李晓深感青蛙王子的真诚以待，更明白这正是无数优秀合作方愿意与青蛙王子进行合作、共同发展所依靠的精神支柱。

"务实"作风的风雨同舟

作为珠三角地区的重要市场，青蛙王子过去在广东省的市场份额一直不温不火，加上大量省内及港资品牌，市场竞争异常激烈。2015年，青蛙王子与广东深圳市聚华辉供应链服务股份有限公司展开合作。双方经过四年的辛苦耕耘，青蛙王子在广东省的市场占额迅速提升。

能够在竞争激烈的广东省占据市场份额前列，聚华辉供应链管理中心总监王兆武总结了两个字：务实。在合作初期，青蛙王子在广东的销售情况并不乐观。"发现这一问题后，青蛙王子立即派团队过来，通过终端改造进行品牌形象打造，在整个终端树立起了青蛙王子的品牌形象，迅速占领市场，帮助我们持续增加收益。"王兆武说，在平常的商业运营中，无论是合同压力，还是市场费用等实际问题，青蛙王子团队都会积极接触经销商，并帮助解决。

正是在这样务实的合作过程中，让王兆武见识到了青蛙王子的务实作风与执行力。销售团队上下乃至青蛙王子高层都对广东省的销售情况十分关注。在遇到市场阻力时，销售团队都会亲自到聚华辉讨论解决办法，一起推动市场活动落地执行。青蛙王子高层领导也经常全国实地走访经销商，与他们沟通在落地销售的过程中遇到的问题，了解全国销售情况。

春江水暖鸭先知，经销商作为企业在一线市场的合作伙伴，企业最真实的工作态度与执行效率他们最为感同身受。王兆武感慨，虽然与青蛙王子合作只有短短的四年时间，但是从无数个细节中不难发现，青蛙王子内部从上到下的务实态度，不是一朝一夕所练就的，而是几十年如一日成了一种工作习惯，渗入了企业基因当中，这实在是难能可贵。

"这种工作精神使青蛙王子品牌在广东短短四年'后来者居上',实现市场销售份额的反超,同时这也是青蛙王子品牌25年来一路奋斗的重要品质展现。"王兆武如是说。

综合实力的保驾护航

成立于2000年的江苏南京市葛伯贸易有限公司虽然是青蛙王子经销商里的"新人",但实际上他们很早就瞄准了青蛙王子,持续关注着青蛙王子的经销商合作动态。奈何同一个销售系统内只能有一个经销商的规定,令葛伯贸易迟迟没有达成合作心愿。

俗话说,好饭不怕晚。上一个代理商的因故退出,让葛伯贸易迎来难得的合作机遇。"青蛙王子一直是众多经销商关注的重点合作对象,我对与青蛙王子的合作神往已久,这次终于有了机会,肯定要牢牢把握住。"对于这次机会,葛伯贸易董事长葛小伯没有丝毫犹豫,实现了多年来的凤愿。

然而,在合作初期,葛小伯遭遇到一件颇为棘手的事情,但从中却让他感受到了青蛙王子的"人情味儿"。"在前后经销商转户交接的过程当中,涉及理清账户,此时公司账户将被暂时冻结,这就给我造成了很大的资金链压力。"葛小伯谈到当时的情况仍心有余悸，这个问题如不及时解决，将会影响到与青蛙王子的后续合作。"青蛙王子在这方面表现得非常人性化，他们帮我提前供货，积极联系解决授信问题，帮助我成功渡过难关。"

在葛小伯看来，青蛙王子过硬的实力体现在以下几个方面：在产品质量方面，青蛙王子旗下产品有着完善的研发体系和严苛的品控制度；在财务制度方面，青蛙王子有着过硬的专业团队与财务准则；在经营团队方面，青蛙王子有着一支久经市场考验且不断跟随市场成长的学习型团队；在品牌信誉方面，青蛙王子在消费者与合作商中都有着良好的信誉与口碑。这些都让青蛙王子在市场的知名度和美誉度不断提升，品牌形象不断深入人心。"过硬的综合实力让青蛙王子得以在激烈的市场中，一直保持着强势的生命力，是很多其他同类型品牌无法比拟的。"

青蛙王子依靠着雄厚的品牌实力、高品质的产品和高效务实的企业团队，跻身经销商代理同类型品牌销量前列。未来，青蛙王子将以自身雄厚强大的品牌实力、完美的品牌形象走出中国，走出亚洲，走向全世界，成为世界级的中国民族品牌。

始于信任忠于品格

拥有数十年发展历史的传统企业，往往有着一支稳定而坚守的经销商伙伴，短则数年，长则伴随企业从无到有、从小到大，见证企业整个发展历程。长期合作关系的维护是通过时间的沉淀、磨难的考验、利益的共享和品格的坚守而造就。如同渔船扬帆，水手们只有齐心协力、风险共担、利益共享、相互扶持，这艘大船才能航行得更稳、更久、更远。

商道，以信为先；信任，以品为重。起始的信任一旦建立，会因品格的坚守在岁月中不断加深。随着时间车轮滚滚前行，双方就不仅是简单的合作关系，而会成为生死相依的至交好友。

25年的一路相随

作为日化行业的一名老兵，颜贻途从1991年创立浙江温州市赫利佳日化有限公司就开始从事日化贸易。在那个外资日化品牌强势进入中国的年代，颜贻途对国产品牌的处境深有感触。在低线市场，因人们的消费水平尚低，对品牌的认知程度仅限于亲朋好友间的口口相传，物美价廉的优势让国产品牌尚可占有一席之地。但在更广阔的大城市，国产品牌走得甚为艰难。

20世纪90年代初，颜贻途就与李振辉相识。1994年，当得知李振辉跳出体制创办"双飞日化"，他第一时间向好友抛出橄榄枝，随即成为第一位经销商。可以说，颜贻途是青蛙王子25年成长史的见证者、亲历者和造就者。

"之所以选择代理青蛙王子品牌，很大一部分原因是源于对好友李振辉的信任。"颜贻途毫不掩饰对李振辉的信心。毕竟，在成为青蛙王子的经销商前，颜贻途已经在日化行业摸爬滚打数年。在他看来，在那个改革开放波涛汹涌的年代，敢于跳出体制，下海创业，单是这份胆识，就令人心生敬畏。更何况老话说得好，没有金刚钻别揽瓷器活儿，如果没有一定的把握，颜贻途相信李振辉不会轻易抉择。

在颜贻途看来，李振辉有着卓越企业领导人的素质和风范。高超的前瞻性、战略性的市场眼光，以及永不停歇的创新理念，让他成功带领青蛙王子实现了一次次腾飞。作为多年的经销商以及至交好友，颜贻途亲眼见证了在李振辉的带领下，青蛙王子在儿童护理用品领域所做的所有创新努力——25年来，青蛙王子一直秉持"研究、研究、再研究"的理念，以保证产品的研发能力，并在全国设立了多所研究院，吸纳众多高端研究人才。区别于其他大多数企业品牌只在包装等外在方面采取创新的方式，青蛙王子则是对旗下产品由内而外地改变创新，真正地实现了产品和品牌创新，使青蛙王子常看常新，时刻保持"年轻化"，贴近新一代消费者的消费需求。

事实证明，颜贻途的选择是对的。青蛙王子用实力向他证明了自己的价值。如今，青蛙王子已经成为颜贻途代理的国内儿童日化品牌中产品销量最高的品牌。

相伴12年的底气与信心

"不知不觉，与青蛙王子合作已经走过了12年。青蛙王子的不断强大，我是真真切切看在眼里、喜在心里。"广西南宁市嘉燕商贸有限公司总经理程燕回想起与青蛙王子的合作，至今仍记忆犹新。

2007年，朋友向程燕推荐了青蛙王子，称这个品牌已经发展超过十年，产品品质、品牌创新和市场表现都是可圈可点。虽然当时青蛙王子在市场上已经有了一定的知名度和认可度，但是由于涉及儿童护理，80后父母消费群体刚刚崛起，对品牌认知和消费选择更偏向于外资品牌。这让程燕一开始选择也是慎之又慎。但是出于对朋友的信任，程燕抱着试试看的心态，成为青蛙王子的经销商。

令程燕惊喜的是，在与青蛙王子的接触中，企业带头人李振辉在企业发展战略和决策上的"远见与果敢"令她十分钦佩，一直感染和激励着她。程燕回忆道，成为国际上首屈一指的儿童护理品牌，一直以来是青蛙王子的目标和夙愿。

然而，由于长期以来国内儿童品牌对于商品定价过低的弊病，国内儿童护理品牌的销售额一直被海外品牌稳压一头。但是青蛙王子勇于改变这一处境，凭借让消费者信赖的产品质量和过硬的研发能力，成为国内儿童护理行业知名品牌。"这极大地增强了我们经销商的信心与士气。"程燕如是说。

程燕看到，随着企业不断地发展壮大，青蛙王子为经销商配备的销售对接人员也更加专业，对经销商提供的服务也更加丰富和便利。程燕回忆称，在最开始与青蛙王子合作的几个月中，企业正处于内部改革的关键时期，改革时间持续了几个月。随着与程燕合作的负责人被更换为业务能力更强的员工，销售团队更为专业和强大。不仅如此，青蛙王子还率先引入先进的信息化系统，规范、简化与经销商的合作流程，由最开始纸制化的下单提货操作，变为更加透明、便利和现代化的下单提货系统，由此省去了经销商排队进货的程序和时间，为经销商提供了最大程度的便利。甚至有许多经销商与厂家都是因为这套信息化下单提货系统产生了与青蛙王子合作的意愿。

在品牌推广方面，青蛙王子也给程燕留下了深刻的印象。青蛙王子大胆采取明星+动漫"双线代言"模式，特别是投拍《青蛙王子》系列动画片，开创了"动漫差异化营销"的先河。另外，青蛙王子一直以来都秉承弘扬正能量的初心，为当今备受网络营销渠道打击的线下营销方式，营造了良好的市场气氛和消费环境。如今，青蛙王子还积极响应国家号召，响应国家"一带一路"倡议，走出国门，努力成为"在国内甚至世界上都响亮的中国民族品牌"。

如今，青蛙王子的产品销量一直稳居嘉燕商贸所代理的儿童品牌的冠军。通过12年的合作，青蛙王子给程燕带来的不仅是经济收益，更帮她奠定了区域市场的竞争地位，以及未来的发展信心。程燕看到，已经走过25年发展历程的青蛙王子正处在青壮年时期，这25年来的不断创新与坚守初心，让众多经销商们坚信，青蛙王子一定会屹立于国内外市场，鼎力前行。

永远不要忽视"沟通"的力量

供应商和经销商一起构成了青蛙王子的"左膀右臂",而优质的经销商是青蛙王子面向市场和消费者的直接载体与渠道,也是展现品牌形象和品牌实力的重要窗口。截至目前,青蛙王子已有千余家经销商,他们与青蛙王子携手共进,一同开辟国内外儿童护理市场。

"沟通"的智慧

1997年,卢志勇成立河北石家庄市宏源恒扬美业商贸有限公司,主要经营日化用品,生意虽然比较顺利,但缺乏明星产品让公司无法快速发展。直到2000年,卢志勇遇到青蛙王子河北省代。当时,恰逢卢志勇在进行自有品牌超市的建设筹划,彼时超市业态方兴未艾,形势一片大好。青蛙王子也敏锐地察觉到商超资源的消费潜力,当即向卢志勇抛出橄榄枝，希望卢志勇可以用手里的商超资源试销青蛙王子的产品。出于对青蛙王子品牌的好感，卢志勇答应了这个提议。

没有想到的是，青蛙王子产品试销结果出人意料地好。市场的认可让卢志勇果断决定与青蛙王子进行合作，从此开启了一段长达19年的合作关系。双方携手共成长，相互促进谋发展，在市场上打出了属于自己的一片天地。

被问及"与青蛙王子的多年合作中，哪一点给您留下深刻印象"时，卢志勇思忖了一下，说出了两个字："沟通。"这种"沟通"主要体现在两个方面。首先，是与经销商的"沟通"。青蛙王子亲近经销商，实地了解经销商的实际需求，并针对所提出的问题和需求及时采取行动，给出切实可行的解决办法。"售卖出更多产品，取得更多利润"无疑是每个经销商关心的问题。为此，青蛙王子不惜血本请来权威机构的相关专家，比如AC尼尔森公司等国内国外市场营销、数据分析机构，将宝贵的市场数据分析报告与经销商分享，共同聆听专家们的指导建议，与经销商一同"面对问题，解决问题"，帮助经销商改进市场营销策略，获取最大收益。

除了与经销商共同应对风云变幻的市场外，青蛙王子会随时灵活处理经销商需求，不遗余力地为经销商提供各种便利。卢志勇提到一件令他印象深刻的事情。有一次卢志勇负责的商场要做一款牙刷的换购活动，经过评估最受消费者喜欢的是青蛙王子的一款儿童牙刷，需要至少一千多把。然而当时，这款儿童牙刷的上游生产公司已经停产，原材料供应商也已经停止供货。在了解到卢志勇的需求之后，青蛙王子相关供货人员立即行动起来，一级级上报至营销总监处进行协调。最终，一千多把儿童牙刷一个星期内成功到货。"急供应商之所急、想供应商之所想，是青蛙王子一贯的合作态度。不管合作多少年了，我们都会尽最大努力给予经销商各种帮助。"青蛙王子的工作人员如是说。

另外，青蛙王子善于"沟通"还体现在对待客户的诚挚态度上。经销商在一线面对消费者，青蛙王子也注重倾听经销商收集到的来自消费者的反馈意见，同时在研究分析意见的过程中，不断对产品加以调整和完善。青蛙王子始终站在经销商背后，不断提供优质产品的同时，更和经销商一起并肩发展。

良性的沟通机制与渠道，决定了企业与经销商之间的信息共享、意见交流，以及运营效率，避免出现因为沟通不畅导致市场信息不对称，从而带来不必要的经济损失。卢志勇深知，这样的沟通是基于相互信任的前提下，双向互通有无，这样才能让企业随时掌握经销商与市场一线信息，经销商能及时理解企业的战略意图，从而更好地拓展市场。

只因在人群中多看了你一眼

"只因在人群中多看了你一眼，再也无法忘记你容颜。"这句经典歌词用在周现金与青蛙王子的身上，再适合不过。周现金第一次看到青蛙王子的产品是2006年一次去超市购物时，可爱新颖的产品包装设计瞬间吸引了他。"这种可爱的卡通形象包装，我断定一定会受到孩子们的喜爱。"作为湖北武汉市珂珂商贸有限公司的负责人，周现金当时就认为这个品牌有着很大的市场前景和商机。在进一步考察了解青蛙王子的产品质量、口碑信誉和市场反馈后，周现金主动与青蛙王子相关供货单位取得联系，由此开始了长达13年的愉快合作。

"青蛙王子最初给我留下深刻印象的是非常完善的市场销售体系和专业的配套销售人员。特别是配备给各商场的终端销售人员都经过严格的培训与考核后才能获得上岗资格。"周现金介绍说，青蛙王子科学制定与经销商的所有合作流程，以"便利经销商"为原则，简化流程手续，为经销商提供优质、便捷的商品供应和服务保障。"长期合作下来，我发现青蛙王子对于整个消费品市场开发一直是以市场为导向，不跟风、不盲目，始终坚持一心一意做好产品、做强品牌，与经销商良好联动，在重视经销商想法和建议的前提下，稳扎稳打、循序渐进，一步一个脚印地做大市场。"

这一切让周现金认为，对于青蛙王子这样的优质品牌，值得经销商为之付出更多的努力。为此，周现金为青蛙王子产品配备了更多业务员，并不遗余力地加大宣传推广力度，配合青蛙王子的市场推广策略，不定期在周末商超人流高峰期开展一系列地推活动。同时在产品陈列摆放的密度和形式方面，下足功夫，让青蛙王子产品柜面更加吸引消费者的关注目光。

"青蛙王子的产品市场反馈一直都很好，在消费者中有着良好的口碑，值得我们经销商为它下功夫。在企业和经销商的共同精心经营下，青蛙王子积累了一大批忠诚度极高的消费者，斩获了极大的市场占有率。"周现金深感与青蛙王子所建立的深厚情谊来之不易，因为对他来说，这甚至超越了一般商业环境下的互利共赢。"希望未来能与青蛙王子同进退、共发展，为国内外儿童护理市场输送更多更好的产品。"

"较真儿"换来的"金名片"

"巧妇难为无米之炊"，优质的供应商在制造业企业发展过程中占据着不可或缺的地位。从青蛙王子成立至今，随着企业规模逐步壮大、生产线产品品类增多，供应商合作伙伴也从最初的不足十位发展到目前遍布全国的三百余家。他们在不同阶段开启了与青蛙王子携手同行的旅程，其中不乏合作了20余年的供应商企业，他们与青蛙王子共成长、同经历，见证了青蛙王子一步步发展成为中国儿童日化知名品牌的历程。

不想掉队，就得较真儿

安徽骉骍食品科技有限公司作为青蛙王子供应商战略合作伙伴，双方的合作起源于1998年"双飞日化"阶段。谈及与青蛙王子的结缘，骉犇食品科技董事长张国昶仍记忆犹新："我与李振辉董事长第一次见面交流，他的人格魅力深深打动了我，性格爽快、务实、勇于创新……他拥有一个优秀企业家具备的品格，令人折服。"

事实证明，张国昶看人的眼光很精准。作为一家原材料供应商，合作伙伴是否"讲信用"是供应商企业非常关心的问题，而青蛙王子从未有过让他们担心的时刻。张国昶回想过去二十余年的合作经历不禁感叹，即便是在经济环境不好的时候，青蛙王子也从来没有拖欠过供应商的货款，甚至会提前将货款打过来。正是这种"讲信用、重信用"的企业文化与做事风格，让青蛙王子赢得了所有供应商企业的交口称赞和信任，也是骉犇食品和青蛙王子合作至今的关键因素。

优质的合作伙伴在发展过程中会互相成为对方成长的催化剂和助推力，这点在骉犇食品与青蛙王子两家的合作中体现得尤为明显。过去的21年里，伴随着青蛙王子的腾飞，骉犇食品不仅是见证者，更是亲历者。青蛙王子对于企业品牌的维护、产品品质的把控、合作细节的注重，令骉犇食品尤为敬佩的同时，也深感自己身上担负着巨大的责任与压力。因为这意味着若想追赶上青蛙王子持续前进的脚步，身为供应商企业，骉犇食品必须同青蛙王子一般，不断提升自身业务能力和产品研发速度。在这方面，一种时不我待的紧迫感时刻伴随着张国昶。"不想掉队，就一定要跟上青蛙王子的步伐，为高品质产品把好原材料质量关。"

之所以有这样的感触，源自一件看似微不足道的小事，但张国昶却从中领教了青蛙王子团队对产品品质和微小细节的重视程度。而这件事也成为矗犇食品倒逼自身产品体系改进升级的一个契机。

张国昶记得非常清楚，矗犇食品从合作之初一直为青蛙王子提供香精原料，通常原材料以瓶装香精的形式出厂，批量运送到青蛙王子工厂，只要验收合格就代表交易完成。然而他们发现，在长途运输过程中，不可避免地会出现产品外包装磨损或脏污的情况，这种程度的磨损虽然在容错范围之内，不会对瓶内香精原材料品质有所影响，并且这在当时的原材料供应行业内也是普遍现象，但青蛙王子的团队并不认同这种看似合理的约定俗成。

"青蛙王子对产品质量的把控工作可谓做到了'细致入微'，这种对细节的较真儿与精益求精，自然也涉及原材料的外包装。"张国昶一开始感觉这会不会有点小题大做，行业内都这么干，有必要这么较真儿吗？但在与青蛙王子团队深入沟通之后，矗犇食品还是作出了一项重要决定，即在香精瓶装的外面再多加一层外包装，这个做法随即得到了青蛙王子的高度认可与赞赏。

"较真儿"背后的无形财富

让张国昶想不到的是，这次"双层包装"事件，虽然增加了公司的生产成本，但却倒逼内部不断完善生产机制，增强产品品质，提升市场意识，这让骉犇食品的市场口碑与品牌形象在圈内得到了极大的提升。张国昶感慨道："青蛙王子的'高要求'促使我们不断提升。在与其他国内外企业合作时，我们也应用了'双层包装'，在国际上都得到了诸多好评，并随之拓展了更多业务，无形中成就了骉犇食品成为业内原材料供应企业里的一张'金名片'。真的是要感谢青蛙王子。"

如今，青蛙王子早已不再是最初只生产蚊香的"双飞日化"，而是蜕变成为一家集婴童洗护、孕妈护理、儿童口腔护理等多条产品线于一体的儿童日化知名品牌。而骉犇食品依然持续为青蛙王子供应香精原料，21年亲密无间的合作，令两家企业的合作交流"默契十足"。

从"双层包装"事件以后，骉犇食品研发部门每年都会在香精研发上投入大量人力物力，以跟上青蛙王子的产品线更新和创新要求。张国昶举例道，青蛙王子会要求他们企业每年到英国、美国等国家带回多种国外市场上流行的产品回来进行研究，随时了解国际市场的消费动态，开发出最新最"潮"的产品。这种对国际市场的把握和新产品的研发，也成为骉犇食品在行业内的"一大优势"，这些研发成果也应用在了与其他企业的合作当中。可以说这不仅惠及的是骉犇食品与青蛙王子，更是对行业升级的隐形推动。

青蛙王子与骉犇食品的结缘不仅缔结了两家企业长达21年的合作伙伴之旅，也令两家的董事长结下了不解之缘，成为多年的至交好友。在张国昶赶赴漳州参加李振辉孙子百日宴期间，两位好友的交流与探讨异常热烈，对两家企业未来的携手发展充满信心。张国昶笑言，他和李振辉董事长有着共同的愿望，那就是希望青蛙王子未来要发展成一个百年民族品牌，让青蛙王子迈出国门、走向世界。

"免检供应商"的含金量

青蛙王子与每一位供应商的合作都是本着"平等尊重、互利共赢"的原则，在供应商的大家庭里，有的只是加入时间的先后，而没有规模大小的区别待遇。随着青蛙王子快速发展，产品线壮大，越来越多的供应商加入进来，一同为"守护中国儿童"的愿景而努力。在采访中，几乎所有供应商企业都表达了希望青蛙王子成为世界知名品牌的心愿。之所以敢寄予这样的厚望，这背后是青蛙王子与合作伙伴共同努力和亲身实践所拥有的底气。

一笔价值非凡的无形资产

1994年，李振辉放弃漳州老牌国企职工的"金饭碗"，毅然决然地创立"双飞日化"，也正是这一年，漳州新艺彩印有限公司的谢奋强通过友人介绍，开始了与李振辉的合作。"当时的工厂规模比较小，但没想到，仅仅用了不到五年的时间，双飞日化会化茧成蝶，蜕变成为青蛙王子，工厂规模翻了一倍都不止，并在此后的十几年里快速发展。"谢奋强回首起过往不免感慨，不知不觉已经与青蛙王子携手走过25个春秋。

聚焦儿童护理行业，如此神速的成长，令谢奋强感到震撼的同时，也发出了"理应如此"的感叹。在谢奋强看来，青蛙王子能够取得如今的成就和地位，源于植根于青蛙王子深处的企业文化：诚信为本，团结合作，创新进取，追求卓越。这是上至董事长李振辉下至普通一线员工在内的青蛙王子人的精神内核。

作为青蛙王子的"一家之主"，李振辉的"吃苦耐劳、以身作则"都被谢奋强看在眼里，并深深地钦佩。尤其是在创业之初的艰难时期，李振辉经常来到新艺彩印的工厂里，与团队一同通宵达旦讨论包装设计方案，仔细研磨每个设计细节，以精益求精的严谨工作态度影响着身边的同事和员工。

至于"讲信用"这个被很多合作伙伴提及的李振辉身上的标签，谢奋强更是深有体会。对于一款产品的外包装设计，李振辉往往会要求供应商做出十余个甚至更多的打样，以便于从中挑选出最好的包装设计，而事前李振辉就承诺所有打样无论最终采纳与否都会付费。虽然只是口头承诺，并没有合同上白纸黑字的牵制，但青蛙王子依然会按照承诺结算这部分费用。看似微不足道的一个细节，却让谢奋强感受到李振辉的"一诺千金"，也更加坚定了新艺彩印与青蛙王子携手合作的信念。

可以这么说，新艺彩印能够成为今日国内处于先进水平的印刷企业，与青蛙王子有着莫大的关系。2016年，对于谢奋强而言意义非凡。凭借着过硬的产品技术保障，新艺彩印入选青蛙王子第一批"免检供应商"，这无疑是对新艺彩印产品质量的极大肯定和认可。谢奋强感叹道："青蛙王子逼着我们必须进行信息技术改革、引进最先进设备，只有这样才能跟得上他们的产能快速发展和产品迭代更新，才能对得起'免检供应商'这一金字招牌。在这一点上，必须感谢青蛙王子对我们的鞭策。"目前，新艺彩印工厂内的印刷设备全部为世界顶级的德国海德堡设备，已经实现了全自动印刷。这在一定程度上也得益于青蛙王子帮助供应商企业一同进步，实现"互利共赢"的合作理念。一直以来，在充分尊重供应商的基础上，青蛙王子在管理模式、先进企业软件等方面开放共享，给供应商发展给予了很大的帮助。

"成为行业领先企业的'免检供应商'，这份荣誉的分量可想而知，这对我们来说是一笔无比珍贵的财富，对企业的品牌背书和口碑效应无疑是价值非凡的无形资产，并在未来助推我们走得更远。"谢奋强如是说。

"金字招牌"不是吹出来的

受益于青蛙王子带动发展的还有另一家专门提供产品内包装的供应商——漳州市丰南塑胶有限公司。从1998年合作至今，董事长万红兴讲到"青蛙王子供应商"俨然是一块"金字招牌"，这可不是靠嘴吹出来的，而是一步一个脚印干出来的。"其他公司知道我们是青蛙王子供应商，就对我们的产品质量有一种天然的信任感。因为业内都知道青蛙王子对产品要求非常严格。"万红兴说道，青蛙王子对于供应商会给予很大的帮助和扶持，特别是在引入新的工作软件或者装置设备时，青蛙王子会定期派专人来到工厂现场培训、指导，甚至为了减少供应商的工作量，青蛙王子会积极主动来到工厂仓库里验货，这在所有企业当中都非常难得。

青蛙王子对供应商的平等相待、诚信以对，也在潜移默化中影响着供应商们对于诚信的诠释和实践。据万红兴介绍，有一年原材料市场供不应求，导致原材料价格普遍上涨，很多人跟我说涨价能至少多赚一半的钱，但是他依然按照合同原定价格卖给青蛙王子。"因为信任是相互的，青蛙王子一直以来都讲究诚信合作，我们也理应如此。"

相比于前述的两家"老字辈"供应商，2015年才加入青蛙王子供应商行列的深圳市升达瑞丰塑料制品有限公司虽然未曾与青蛙王子一同历经最风云变幻的阶段，却也见证了青蛙王子的"高光时刻"，而且他们与青蛙王子的合作感受与"前辈们"是如出一辙。

公司负责人朱建安同样用"工作务实、认真负责"来形容青蛙王子的领导和员工。而最让朱建安竖起大拇指的则是青蛙王子真正是在用行动切实履行"守护儿童"的社会责任，对于儿童洗护产品的瓶罐等塑料内包装的材质安全等级要求非常严格，不能有一丝一毫对儿童有害的成分。

为了给孩子们提供更加安全的产品，升达瑞丰未来将与青蛙王子共同研发设计出更适合儿童的功能性产品包装，增添产品的趣味性和可玩儿性。"这是一份良心事业，青蛙王子对产品安全的高要求，对我们来说真的是责任重大。这份事业不是喊几句口号就能做到的，而是要作为一种信念渗入到企业和每一个员工的血液当中，为儿童护理产品的安全保驾护航。"朱建安如是说。

第四章

企业责任绝不是一句口号

企业真正守护的是什么

鞠萍　中央电视台节目主持人

1984年11月我调入中央电视台青少部，成为一名专职青少年节目主持人，35年的时间做着与儿童相关的事情。每当与孩子们在一起，看到他们纯真的笑容，我的心里无比幸福。能够让孩子们真心喜欢、收获快乐、因爱而变，是我投身少儿电视事业的初心与动力。35年来，我用童心陪伴80后、90后、00后、10后孩子们成长，拼好人生《七巧板》，把《大风车》转向正能量的方向；用爱心拉着《最美孝心少年》《大手牵小手》帮扶需要关爱的孩子；用耐心，坚守着央视少儿荧屏，树立"引领成长、塑造未来"的职业标杆。

从小朋友的"鞠萍姐姐"，到孩子们的"围裙妈妈"，我是主持人，但我更是一名教育工作者，时刻以为人师表的要求来鞭策自己。1992年6月，教育部等单位授予我"全国少年儿童课外教育先进工作者"光荣称号；2012年，中央文明办授予我"全国未成年人思想道德建设先进工作者"荣誉；2016年获得"全国三八红旗手"称号。

中央广播电视总台央视少儿频道《大手牵小手》栏目推出6年来，始终彰显公益特质，秉持"俯下身走近儿童、平视需求、真诚关怀"的理念，走遍了祖国的山山水水，尤其是革命老区、少数民族地区、边疆地区和贫困地区，走进广大少年儿童中间，真诚了解他们所想所愿，为他们送去温暖和快乐。每到一处，备受当地的孩子们及其家长、老师们的欢迎，成为央视践行"四力"、弘扬社会主义核心价值观、彰显媒体社会责任的一张"名片"。

这6年来，《大手牵小手》栏目组虽然经历过许多苦许多累，但也留下了许多感动和感悟。每次与企业一起做公益时，企业家问得最多的问题就是，虽然现在途径很多，但不知道究竟要去哪里帮助孩子。我觉得，企业有针对性地帮助最需要帮助的孩子的方式是值得推崇的。这样的针对性很大程度上与企业所在的专业领域有很大的关联，从而让公益的社会效益最大化，更加精准。

马云先生说过一句话，企业应该用"公益的心态、商业的手法"做公益。我非常认同，因为只有这样，才能避免社会与企业资源的浪费，更方便企业以更擅长、更专业、更有效的方式促进企业公益行为的可持续推进落实，不断提升受益方的认同感、获得感和幸福感。

青蛙王子成立25年来，一直在为儿童提供高品质的护理产品。青蛙王子董事长李振辉先生说过，青蛙王子一直秉承的企业责任就是推动儿童护理行业良性健康发展。

2016年5月18日，青蛙王子与中国妇女发展基金会、大业传媒集团漫奇妙动漫公司等联合发起，并邀请国内知名教育专家、心理专家、医学专家共同打造的权威育儿蓝本——《中国儿童护理蓝皮书》（以下简称《蓝皮书》）正式发布。作为中国首部专门针对"3～12岁儿童护理"的公益之作，《蓝皮书》围绕儿童的健康、教育、心理、安全四个方面展开，解读中国父母护理误区，并引导家长正确处理问题。《蓝皮书》在当时一经发布，就引起了社会各界的广泛关注。为了让更多的家长和老师学习到专业的儿童护理方式，《蓝皮书》被免费赠送给全国相关的教育机构。

每次与李振辉先生交流时，我都能感受到他作为一名企业家对于儿童公益事业的热情与执着，眼神中能看出他的童真。难怪青蛙王子的员工私底下告诉我，李振辉先生在平时就是一个"老顽童"。

2018年我带领《大手牵小手》节目组走进青蛙王子，与青蛙王子实验幼儿园的小朋友们一起参观牙膏的生产车间，一起制作手工香皂，一起在口腔健康体验室接受口腔医生们的检查。在整个过程中，李振辉先生头戴无菌帽、身着无菌服，亲力亲为地给大家讲解。作为年近六旬的企业家，他以一个长者的身份，全程面露笑容、身体力行地陪伴孩子们。

从打造公益育儿交流平台——公益大讲堂，到推动"六一半天假"立法，从关注留守儿童的公益夏令营，到参与香化协会爱心书包捐赠，青蛙王子结合企业自身实际情况，一直在不断探索与实践针对儿童群体的公益事业。在这个过程中，我看到青蛙王子懂得如何去了解孩子们真正喜欢什么，懂得俯下身与他们真心交朋友，懂得倾听孩子们的心声。在人们的生活变得越来越好，品位越来越多元化，要求越来越高的情况下，青蛙王子仍然能以一颗童心，不跟风、不盲进，脚踏实地耕耘好自己的公益园地，并在行业里与社会各界积极分享公益的经验与果实。

如果问在履行企业社会责任的过程中，企业真正守护的应该是什么，其实很简单，就是守护住一颗初心。在反思与行动中找回自己最初的梦想，并坚守前行。

祝福青蛙王子的未来更加美好。

Frog Prince
青蛙王子

"守护"的公益，让爱不再留守

孩子是每个家庭的希望，更是国家和民族的未来。可是，当一些孩子幸福地依偎在父母怀抱里撒娇时，另一些孩子却只能坐在门槛上，眺望着父母离家的方向。那一双双纯净的双眼，饱含着孤独与思念，这些孩子有一个令人心疼的称呼——留守儿童。

据相关数据统计，截至2018年8月底，我国大约有600多万名留守儿童，其中96%的儿童由隔代照料。由于大多数老人文化水平不高，尽力照顾好孩子日常起居的情况下，对孩子的监管与教育一定程度上显得力不从心。

教育缺位带来的认知不足，让很多孩子的内心世界缺乏足够的精神慰藉，久而久之所带来的是知识缺乏、自卑、敏感与孤僻，由其他亲戚朋友代管的孩子更甚。每一个孩子都是父母的宝贝，父母也希望将孩子带在身边，但现实充满太多无奈。城市的景观虽冰冷，但人心却不冷漠，有很多人正在默默地关注这些可爱的孩子们。

公益并不是形式主义，更不是企业的面子工程。作为中国儿童日化护理的知名品牌，青蛙王子在秉承"专心致意，儿童护理"理念的同时，多年来积极投身于关爱留守儿童的公益事业，主动承担起企业的社会责任，让"爱"不再留守。

公益不是形式主义

2013年9月3日，由全国妇联主办，中国妇女发展基金会联合全国百家公益组织发起的"守护童年"公益行动正式启动。"守护童年"公益行动以预防儿童被虐待和性侵为聚焦点，以母亲、家庭和儿童为主要服务对象，重点关注女童以及留守儿童、流动儿童。主要服务内容包括搭建便于社会各界共同参与的儿童权益保护网络平台；通过调研、研讨，适时提出有关完善儿童保护及权益的法律法规、政策建议；利用多种方式，向家庭特别是母亲和儿童传播预防儿童受伤害相关知识；开通援助热线，重点为受伤害儿童及家庭提供心理援助和其他救援服务；为受重大伤害儿童及家庭提供紧急救助；培训心理援助人才，建立具有专业知识的儿童守护志愿者队伍等。

青蛙王子作为首批发起单位，自项目启动之日起，就积极投身到"守护童年"的各项活动中，以实际行动践行企业社会责任。为更好地支持"守护童年"公益项目的进一步发展，2014年、2015年、2016年暑假，青蛙王子与中国妇女发展基金会联手，连续举办三期"守护童年安全第一课"公益夏令营。夏令营特别为儿童及家长搭建儿童防侵害知识普及和亲子互动沟通的公益交流平台，并邀请儿童成长问题专家、儿童防侵害知识教育讲师和亲子关系协调讲师进行指导，让孩子与家长们一起度过三天两夜的欢乐且充实的时光。家长见证孩子们的成长，并彼此敞开心扉，用陪伴诉说"最长情的告白"。寒来暑往中，青蛙王子一直在努力，从未有丝毫懈怠，用自己的行动践行着"一切为了孩子的成长，让每个孩子拥有健康快乐的童年"的理念。

撑起一把保护伞

根据《中国农村留守儿童调查报告》的调研发现，由于亲子关系的空间割裂，留守儿童在心理状态方面容易产生较为严重的问题。《中国留守儿童心灵状况白皮书》显示，处在完全留守状态的留守儿童，55.9%的人一年见父亲的次数不超过2次，22.7%的人与父亲一年联系少于3～4次，55%的人一年见母亲的次数不超过2次，近22%的人与母亲一年联系少于3～4次。为了给予他们心灵上的关爱，青蛙王子自2017年开始，将公益的重心调整到了对留守儿童的关注上，真正做到"锲而不舍，持之以恒"。

2017年7月，青蛙王子在郑州举办"守护童年安全第一课"公益夏令营，重点聚焦留守儿童。来自河南省驻马店、南阳、兰考三地的30个家庭的留守儿童以及10名高年级的儿童志愿者们，一起在那个夏天体验了一场不一样的暑期奇遇。为了突出"安全第一课"的主题，夏令营还精心安排了包括口腔义诊、安全知识体验课程（防性侵、防溺水）、家庭教育课程、亲子互动交流课程，让孩子和久别的家长增进亲子关系的同时，也学习了如何更好地保护自己。每一年的亲子夏令营总是充满欢声笑语和无限的温情，青蛙王子期望陪伴不只在于夏令营的这几天，希望这群留守的孩子们终能与父母生活在一起，不再留守。其实，青蛙王子一直在默默关注留守儿童群体。2016年1月，青蛙王子曾携手中国妇女发展基金会在全国开展的"守护童年"公益活动中，为贫困地区留守儿童和家庭送去总价值100万元人民币的儿童护理产品。青蛙王子一直希望能将爱延伸得更远，让更多的孩子，特别是留守在家的孩子走出乡村，来到父母工作的城市，了解父母工作的艰辛，学会感恩，学会爱，创造更多机会让孩子们和父母一起享受亲密无间的亲子乐趣时光。

助力学习，展望未来

一直以来，青蛙王子希望通过"守护童年安全第一课"公益夏令营项目，能给孩子们带来健康、安全的呵护。育儿是门科学，更是一门艺术，通过科学方法教会每一位家长，掌握和养成正确的行为习惯，感染和号召更多的人，加入儿童伤害预防的志愿者行列中，一起关注儿童安全，共同将关爱传递给更多的中国家庭。

从2016年至2019年，青蛙王子积极参与中国香料香精化妆品工业协会爱心书包公益活动，为贫困地区的孩子们捐赠书包、校服、润肤霜、润唇膏等学习及生活用品，让爱的力量年年在寒冷的冬天温暖传递。青蛙王子希望通过参与这样的公益行动，与行业成员一起汇聚小爱，传递梦想，将爱心在全行业内推广开来，一起用绵薄之力推动社会公益事业的发展。近几年，中国香化协会爱心书包公益活动的足迹遍及陕西、甘肃等多个省份的贫困地区，通过企业的力量播下美德的种子，根植于孩子心间，温暖贫困留守儿童前进的路途。青蛙王子送去的不仅是物资，更是对孩子们美好的祝愿。

《看见》中有这样一段话："就像一棵树摇动另一棵树，一朵云触碰另一朵云，一个灵魂唤醒另一个灵魂，只要这样的传递和唤醒不停止，我们就不会告别卢安克。"青蛙王子以其大爱之心，将温暖与呵护传递给了一名又一名的留守儿童，犹如投石入水，泛起一圈又一圈更大的波纹。

老话说，凡事贵在坚持。做成一件事容易，难得的是长年累月坚持做同一件事。在这方面，青蛙王子很清楚自己想要做什么，能做什么和怎么做。"呵护中国儿童的健康成长"一直是青蛙王子所践行的企业理念，而落实在社会责任方面，青蛙王子则恰到好处地找到了自己的可行之道。那就是在孩子们的童年记忆中，种下一颗美好的种子，细心呵护其发芽成长。

童年需要守护和陪伴，可以是一个书包，一件玩具，一次出游，一场团聚。当然，这不光是针对父母而言，对于全社会更是如此。关爱或许可以温暖一时，但是守护可以永存于心。

"六一半天假"的意外惊喜

一个深入人心的品牌形象，不仅仅可以通过营销手段而获得。有时候一个直抵人心的举动也能撬动社会的集体关注与参与。

2012年6月初，由青蛙王子投拍的公益广告片《别让陪伴成为孩子的奢望》在网络上广为流传，引人深思。它道出了无数孩子内心真正的想法，同时也为无数忙于工作的父母敲响了警钟。陪伴，看似理所应当，然而在实际生活中，却常常被忽视。

"六一半天假"，呼吁亲子陪伴时光

2011年5月24日，广州天河维多利广场一带，两名年轻妈妈高举写着"六一，我也想放假，我想陪陪我孩子"的纸牌，收集市民签名支持"六一"放假。此举引发市民的广泛赞同并纷纷签名支持，迅速在网络引发社会对"六一"是否放"家长假"话题的热议。

青蛙王子董事长李振辉看到这个话题后颇有感触，联想到身为父亲的自己，同样缺少陪伴孩子的时间，错过了儿子许多成长的重要时刻和记忆。从那时起，为公司有孩子的父母在"六一"放半天假的念头便时不时地出现在李振辉的脑海之中。每次念头闪现，他便与同事，与企业家们、政府机构的朋友们聊起，沟通探讨。而最让他感到兴奋的是，大家都很赞成"六一"放半天假的提议，认为这是一件非常有意义的事情。

经过深思熟虑和各方沟通交流，2012年5月26日，青蛙王子作为发起者，联合30多位企业家、行业协会代表、公益组织及媒体等在广州共同签署"六一半天假·爱心公约"，呼吁企业在"六一"当天，为家有14岁以下孩子的员工放半天假。青蛙王子以身作则，率先付诸行动。

身处儿童护理行业，心系儿童身心健康发展，青蛙王子的倡议得到了许多企业和媒体的支持。南都周刊在其微博上发起"六一半天假"的民意调查显示，9成网友支持为有孩子的父母放半天假。这无疑证明了青蛙王子所倡议的"六一半天假"完全符合大众的心声。

作为"六一半天假"的倡议者和首发者，青蛙王子带头履行爱心公约的承诺，为公司内有适龄孩子的员工在"六一"节当天放半天假，成为国内首家明文规定落实"六一半天假"的企业。"我们希望这件事情引发家长们对孩子深层次心理健康的关注，多抽出些时间陪伴和关爱孩子。"李振辉说道。青蛙王子落实"六一半天假"当年，公司1300多名员工中就有380名员工享受到了这个假期福利。同时，公司内部还开展了一系列儿童节欢庆活动，除了给孩子们派送丰富的礼品包外，还组织公司员工及孩子一同参与"亲子日"活动，董事会领导也亲赴现场与大家一起庆祝这属于孩子们的节日。

对于"六一半天假"，青蛙王子的员工从心底感受到了公司的理解与关怀，纷纷发表"感言"："这是我工作以来第一次陪孩子过'六一'，这个机会非常难得，也很珍贵"，"我带了孩子去游乐园玩，很多朋友都很羡慕我们公司能够放假"，"公司有这样的举措，不光是对孩子的关注，也是对家长的一种理解，同时让我们每一位家长感觉到公司对员工家庭生活的关爱，很感谢公司帮我们完成了多年来未完成的一个心愿——和孩子一起过六一儿童节"。

积极推动立法，切实保障儿童权益

尽管"六一半天假"活动已经备受社会各界理解与支持，但青蛙王子深知，这样的举动更多属于企业行为，缺乏相关制度与法律法规的保障，受益的孩子与父母非常有限。唯有将这一企业行为从民间倡议上升到国家立法层面，才能真正实现全社会"关爱儿童身心健康"的夙愿。

为此，自2012年起，青蛙王子坚持延续"六一半天假"关爱儿童身心健康的同时，一直在努力呼吁这一具有深刻社会意义的行动，并积极推动将它从民间倡议提升至立法层面。

为了解父母陪伴孩子的现状，调研"六一半天假"立法的可行性，2012年5月，青蛙王子与新华网合作，分别发起"立法""陪伴"两项话题调研。最终吸引数千名网友的关注和投票，近九成网友表示支持"六一半天假"的立法，进一步佐证了"六一半天假"立法具有广泛的社会意义和民意支持的基础。

2013年5月11日，由青蛙王子牵头，政府机构、心理学、教育学、社会学、法律界、公益组织等各界代表齐聚一堂，共同探讨"六一半天假"立法问题的可行性。中央电视台著名主持人鞠萍姐姐也现身支持，"六一半天假"话题再次成为当年六一儿童节前夕的热议话题，引发社会强烈反响。

无心插柳柳成荫。一心只为中国儿童身心健康而努力的青蛙王子，对社会各界广泛参与热议"六一半天假"的结果有些出乎意料。特别是在"六一半天假·爱心公约"活动后的短短一周之内，公司股价涨幅接近10%，就连李振辉都感觉有些不可思议，"这真是一个意外的惊喜，本来我们联合儿慈会青鸟种子发起这个活动，并未过多地考虑到企业的品牌营销战略，只是想为孩子们做一点事情，让他们健康、快乐地成长。"

通过公益进行品牌形象的塑造与推广，在商业环境下并不新鲜，社会大众对这种行为的认知与接受程度也越来越高，认为这无可厚非。但关键在于企业在做公益的同时，是否真心实意与一以贯之。作为中国儿童护理用品的知名品牌，青蛙王子从成立之初就怀有一颗为孩子身心健康发展而努力的初心，25年来从未改变。"六一半天假"看似是企业行为，但从深层次思考，青蛙王子正是抓住了孩子在成长过程中的真正痛点，以及父母内心的真正诉求，那就是：陪伴。青蛙王子更是看到了这一问题的症结，那就是在工作节奏不断加快的当下社会，父母陪伴孩子时间的不断减少，以及众多企业对这一问题的忽视，让年轻父母们无暇于工作中抽身。青蛙王子深知，这不是一次呼吁、一次活动就能够改变的现状。只有先从自身做起，不断坚持，在潜移默化中不断影响身边的企业，不断推动"六一半天假"的立法进程。

"公益大讲堂"：爱的方程式

一个人事业上再大的成功也无法弥补教育子女失败的遗憾。孩子究竟需要父母什么样的爱，对于这样的开放型话题，或许永远不会有标准答案。在与社会各界的沟通交流中，青蛙王子通过"公益大讲堂"的形式，总结出一个父母对孩子爱的公式：$1+1 \neq 2$，孩子需要的是一种理性、适合的爱。

2012年6月16日，青蛙王子携手中华少年儿童慈善救助基金会青鸟种子在上海共同举办了"你爱对了吗？"公益大讲堂活动，邀请知名儿童教育专家、学校老师、孩子家长等一起就儿童教育问题进行沟通交流。"公益大讲堂"作为青蛙王子搭建起的一座多方参与探讨儿童教育问题的桥梁，力所能及地科普儿童教育知识，以企业的力量推行正确的儿童教育观念，传递爱心正能量。

汇聚名师名家为父母解惑授业

作为公益性教育科普类活动，"公益大讲堂"自2012年第一期开始，就聚焦社会儿童教育话题，

以"你爱对了吗"为主题，邀请国内知名育儿专家进行专题讲座，为孩子家长解惑儿童教育问题，并在现场为家长们进行儿童教育方面的启发引导。"公益大讲堂"从诞生之日起，就希望能通过公益的形式，向社会进行正确、科学教育儿童的知识普及，为孩子健康成长培育一个良好的环境，帮助孩子们更好地成长。

青蛙王子在致力于推动儿童身心健康成长的过程中发现，当今社会很多父母在教育孩子的过程中遇到了越来越多的困惑和烦恼，对儿童教育知识的需求与日俱增。如何爱得正确，已经成为当代父母亟须解决的问题，这也是挡在孩子健康成长道路上的一道坎儿。"公益大讲堂"就是要从源头出发为广大父母传授更多更专业的育儿知识，让爱不再盲目。

新颖的形式、丰富的育儿知识、不掺杂任何功利性质的理念，让"公益大讲堂"的足迹遍布北京、上海、重庆、沈阳、长沙、福州等城市，所到之地几乎场场爆满，深受父母们追捧，累计惠及数千家庭，吸引了电视、广播、报纸、网络等上百家新闻媒体的广泛关注。

　　"我们都能确信父母对孩子浓浓的爱意，但种种资讯、事例显示，有时候父母付出的'爱'却带给了孩子隐形的伤害。"作为一名父亲，青蛙王子董事长李振辉对于儿童教育的重视从未改变。为了让更多的父母受益于"公益大讲堂"，2013年1月，青蛙王子出品《你爱对了吗·家庭教育观众言集》一书，延续和推广公益大讲堂的理念与知识，希望能引发更多家长的思考，审视自己的教育，为大家在寻找正确家庭教育观念和方法的道路上带来启发，从而帮助更多的家庭找到适合自己的家庭教育。

坚守公益之路引领行业自主公益品牌探索

　　在公益道路上，青蛙王子不断进行创新性探索，力争让"公益大讲堂"惠及更多的父母与家庭。由于"公益大讲堂"采用免费的公益模式，每场讲座都力邀行业内的知名育儿专家进行讲座，所以所到之处都吸引了大量家长的踊跃参与。然而由于场地所限，每次都会导致很多家长无法现场聆听育儿知识。为此，青蛙王子除了举办线下现场讲座外，还邀请更多的知名专家学者录制线上育儿讲座视频，投入大量资源在网络平台进行传播推广，方便更多有需要的家长不用亲临现场便可获得丰富的、专业的、科学的育儿知识。

作为青蛙王子在国内自主开创的公益品牌，"公益大讲堂"不掺杂任何产品推销等功利行为，专注于深层次探讨儿童教育问题，引领了整个行业在自主公益品牌领域的创立与实践探索。"公益形式有很多种，并不仅仅是捐款。对公益而言，困难的并不是捐款的多少，而是怎样在社会上形成一种公益意识，从而更深入地推进公益事业。"李振辉希望，青蛙王子"公益大讲堂"这种纯粹的公益形式能为所有企业提供一些启示，唤醒更多企业的社会责任心，让更多企业加入到诚信公益的建设道路上来。

让人欣慰的是，"公益大讲堂"在不断积累的过程中，无形中实现了家长、社会、企业的三方共赢。首先对于家长，针对当今社会所存在的家庭教育问题，以"你爱对了吗"为主题的"公益大讲堂"为家长们普及了更多切实可行的家庭教育理念；其次对于社会，"公益大讲堂"引起了越来越多企业的关注与反思，助力公益事业走得更加长远，更加纯粹；再次对于企业，积极的社会责任担当，以企业力量推动正确家庭教育观念和儿童健康成长理念的普及，为青蛙王子获得了良好的社会效益与品牌口碑。

公益不仅是热忱和情怀，更是细水长流的坚持。"公益大讲堂"以润物细无声的方式影响着中国万千父母，向他们传递着正确的育儿理念，引导社会关注和重视儿童身心的健康成长。爱有千万种，给予孩子的需要是一种理性、适合的爱，孩子的茁壮成长须在快乐、健康的环境中，不仅要呵护孩子的皮肤健康，更要关注他们心灵成长。"公益大讲堂"就是希望能通过激烈的讨论与交流，引起广大父母的育儿共鸣，从而以企业的力量推动儿童健康成长事业，以点滴行动汇集更多爱心，帮助孩子们更好、更健康、更快乐地成长。

如何打造一座与"国家4A级景区" 同款的观光工厂

1999年，一个产自漳州钟表厂的青蛙卡通造型时钟，触发了青蛙王子集团董事长李振辉的灵感，以"青蛙王子"品牌开始了儿童护理用品的创业旅程，让青蛙王子从《格林童话》里"走"出来，陪伴在孩子们左右。不论是作为福建省第一批省级观光工厂，还是漳州市首家"警企共建"的道路交通安全宣传教育基地，在守护中国儿童健康成长的公益路上，青蛙王子致力打造一切富有生命力的爱与呵护，陪伴每一个孩子健康快乐成长。

工厂观光开启陪伴儿童新思路

在产业融合的大背景下，工业旅游作为一种全新业态被广为提倡。悄然兴起中的观光工厂便是工业旅游的重要形态之一。它基于传统工业的生产场景、工艺、设施，辅之以解说、导览、DIY等服务，让游客获得有别于传统旅游的体验。当工厂植入观光旅游的概念后，就不再是冷冰冰的工厂了，它会变得很专业、很开放、很温情，让人们对工厂有不一样的印象。工业观光不仅成为一种全新的企业文化营销，也提升了企业品牌在人们心中的信誉度。

自2015年下半年，福建旅游主管部门在全省启动观光工厂评定工作后，漳州市龙文区便积极响应，适时出台了专门扶持政策，规定被新评定的省级观光工厂视同国家4A级旅游景区予以奖励。青蛙王子便是漳州市龙文区第一批省级观光工厂之一。

青蛙王子观光工厂，位于福建省漳州市龙文区梧桥北路8号，北临漳龙高速公路，东距沈海高速公路入口3.6公里，人文景观和自然景观交相辉映，是集健康性、娱乐性、观光性、游戏性、体验性、参与性和互动性于一体的青蛙王子动漫主题观光工厂。

作为青蛙王子动漫主题工厂，观光工厂分为文化宣传区、观光体验区、娱乐休闲区、商业购物区、主题动漫区五大功能区。将动漫营销、护理知识与企业文化相结合，开展儿童互动体验、口腔护理课堂、手工皂DIY课堂、青蛙王子AR体验课堂，帮助儿童从小养成口腔保健、洗沐、护肤等良好习惯。小朋友们可以在工厂里边体验，边学习，边游玩，享受亲子陪伴的乐趣。青蛙王子观光工厂还设有青蛙王子博物馆，青蛙王子研发中心，青蛙王子国内、国贸产品展示厅、青蛙王子牙膏工厂、青蛙王子口腔宣教中心，父母们可以和孩子在这里一起参与，体验产品的生产过程和学习口腔护理的知识。

青蛙王子主题观光工厂是为了让更多人走进青蛙王子、了解青蛙王子，将企业的优秀理念和好的产品，用诚意交到消费者手中，让传达不再只是花哨的宣传或者没有互动响应的广告画面，而是一种从手心传递出温暖的信任感，陪伴滋润孩子的快乐成长。

"警企共建"守护儿童出行安全

随着人们的生活水平提高，"有车一族"的队伍越来越庞大，城市路况变得越来越复杂，交通事故数量更是在不断飙升。成年人的外出安全都要格外小心，更何况没有自我保护能力的儿童。孩子年龄小，活泼好动，对交通安全的理解力和执行力不强，正处于最容易出现安全事故的阶段。交通部数据显示，中国每年近两万名14岁以下儿童死于交通事故。因此，如何做好儿童的交通安全教育是社会各界都非常关注的问题。

　　2018年10月8日，福建省漳州市"文明交通，企业先行"道路交通安全宣传教育基地正式启用。这是漳州市首家通过"警企共建"模式，集互动、体验、教育于一体的道路交通安全宣传教育基地。该教育基地由漳州市龙文区交警大队与青蛙王子共建，将"树立一个典型、影响一个行业、带动整个社会"作为宣传思路。该教育基地由"交通安全常识区""娃娃交通安全区""文明交通体验区""防御性常识区""交通事故急救常识区""警营文化区"6个展区组成，同时配备有交通标志的翻转墙、模拟驾驶体验机、3D电影院等设备，学生们可参与交通标志互动识别、模拟车辆驾驶体验，切身感受文明交通、安全出行的重要性。在基地的3D电影院，学生们还能观看由交警支队制作的《车祸一念间》《凋零在车轮下的花季》等交通安全警示片，直观感受交通事故的危害与可怕。

　　这种通过讲解员的案例讲解，再让参观者以实际操作和亲身体验的方式，全方位、多角度感受交通违法行为带来的严重危害，让广大交通参与者增强交通安全法治观念和交通安全意识，自觉防范、抵制交通违法行为，规避、消除交通风险，让学生们更深刻了解、学习交通知识，从小树立安全文明出行的意识，培养自觉遵守交通法规的良好习惯，真正做到交通知识入耳、入眼、入心。据了解，该教育基地自启用至今，已组织了辖区数千名中小学、幼儿园学生，百余家公司、企业到基地参观学习。

从创业构想到行业翘楚，青蛙王子集团先行一步，通过各种创新形式的儿童主题教育，也推动了工业旅游的发展和升级，充分体现了青蛙王子对孩子全方位的呵护与陪伴。青蛙王子董事长李振辉曾表示："作为一个父亲，我面对的是一个孩子；作为一个儿童护理用品企业的负责人，我面对的是全中国超过2亿的儿童。无论是一个孩子还是千千万万个孩子，我都希望他们能生活成长在安全、快乐、健康的环境中。"

饮水思源，心系家乡

落其实者思其树，饮其流者怀其源。成长自福建省漳州市的青蛙王子，在过去的25年里，坚持梦想，茁壮成长。不仅得到了一方水土的滋养，更得到了来自家乡的多方支持与鼓励。正因如此，自从创办青蛙王子以来，青蛙王子董事长李振辉一直将感恩视为自己的行为准则，更奉为青蛙王子的核心企业文化。

实力越大，责任越大，青蛙王子自始至终没有忘记通过自身的努力回馈家乡。凭借在婴童产业的企业实力与资源优势，青蛙王子致力于推动漳州婴童产业的发展，为漳州市经济发展添砖加瓦。而李振辉身为福建省人大代表，更是以身作则，立志通过自己的努力，促进漳州市乃至福建省日化行业和企业的转型升级与可持续发展。

可以说，用自己的努力助力家乡变得更好，是青蛙王子和李振辉的历史使命与社会责任。

推动漳州婴童产业培育壮大

以龙头企业带动产业发展，作为地方政府大力支持的区域产业发展模式，已经成为区域经济发展的重要手段。福建省漳州市瞄准婴童产业的强劲发展势头和未来市场潜力，以供给侧结构性改革为主线，充分集聚各种要素，打造漳州市婴童产业新优势。

作为中国儿童护理用品的知名品牌，青蛙王子一直以来为家乡的经济建设在默默付诸努力。身为福建省人大代表的李振辉，更是时刻心念家乡经济建设，不遗余力地为漳州市婴童产业发展献计献策。

李振辉曾在福建省两会期间做出提案，认为漳州市是省内重要的日化产品生产集散基地，特别是婴童护理用品产业在全国占有一席之地，具备明显的产业发展优势和有利条件。龙文区应该抓住当前国家加大支持海西建设的有利时机，紧紧围绕地方传统产业，立足自身优势和特点，适时打造"福建婴童产业基地"。

根据漳州市工信局发布的数据，目前漳州婴童护理用品产业整体发展势头强劲，产业主要分布在龙文区、芗城区、龙海市、台商投资区，已初步形成涵盖生产企业36家、原辅料供应企业70多家、包装印刷模具企业20多家，上下游产业较为配套的产业集群和产业链，呈现起步早、发展快、企业多、效益好的特点。2018年龙文区婴童产业产值约20亿元，约占全区工业产值的6%。

漳州市工信局提出，要通过培育壮大龙头企业，大力推进产业龙头促进计划，促进资源要素向优势企业集聚；加快发展品牌经济，打造"中国婴童产业之都"。以青蛙王子等企业为婴童用品的产业龙头，围绕制造业重大共性需求和关键技术开展研发创新，形成可复制、可推广的行业性整体解决方案，增强婴童用品产业的磁场效应，推动婴童用品产业集聚发展。对此，漳州市龙文区在政府工作报告中明确提出，支持婴童产业园建设。

"大力推进产业龙头促进计划"，这无疑与青蛙王子一直在推动的事情不谋而合，更符合青蛙王子作为婴童产业的龙头企业这一市场地位。对此，青蛙王子义不容辞，主动承担起推动家乡产业和经济发展的重任。

为了更好、更高效地推动家乡婴童产业发展，青蛙王子不断加强与政府相关部门的沟通，积极为婴童产业发展献言献策，并获得高度肯定与支持。李振辉提出，婴童产业基地将集生产、研发、配套、物流于一体，也将深层次利用青蛙王子集团强大的品牌效应和雄厚的企业资源，联合本土企业，充分整合各类资源，延伸多产业领域，形成更完善的婴童产业链，打造一张独一无二的龙文品牌名片。

顺应创新时代到来，针对福建省日化行业的现状，作为日化行业的代表，青蛙王子希望从"大品牌建设、工业4.0制造、大研发建立、大物流打造、践行社会责任"等出发，实施企业长远的发展战略，把青蛙王子好文化传递给更多人。同时青蛙王子更希望通过整合各类资源，强强联合，以大带小，集聚发展，形成特色，加强企业与政府、行业内企业间的沟通和联系。

促进福建省日化行业高质量发展

作为福建省日用化学品商会会长，李振辉致力于推动福建省日化产业结构调整，促进日化企业加快技术创新、品牌创新、业态创新和商业模式创新。为了这一目标，李振辉很多时候亲力亲为，积极带领福建省日化企业参与行业峰会，为省内日化企业牵线搭桥，搭建资源对接桥梁，打通省内外同行间沟通渠道，为福建省日化产业发展出谋划策，激活产业发展活力。

近几年，李振辉带领的福建省日化商会围绕"绿色创新、助力新旧动能转换"对促进企业提质增效起到重要作用，从四大方面全力推动产业和企业发展：一是着力推进供给侧改革，在品质及质量提升方面取得新突破，促进行业绿色发展；二是加快技术创新、品牌创新和营销模式创新，在产品效益上取得新突破；三是加快行业技术培训和政策法规培训，主动帮助广大会员企业排忧解难，全面提升企业综合素质；四是结合当前业态发展，举办多届高峰论坛，每届针对不同的会议主题，邀请业界专家进行辅导和政策解读，有针对性地帮助解决企业发展难题，取得了很好的效果，这也是近年来福建日化商会工作的一大亮点。

同时身兼中国香料香精化妆品工业协会副理事长的李振辉，依靠行业资源与区域优势，积极推动国内日化行业高规格会议落地福建。2019年9月26—29日，以"美丽初心　合作创新"为主题的"2019中国香料香精化妆品行业年会暨国际化妆品大会"在福建省厦门市成功举行。吸引了国家药品监督管理局化妆品监督管理司、工业和信息化部、海关总署税收征管局（广州）等相关政府部门的领导，国际日用香料协会（IFRA）、国际食用香料工业组织（IOFI）、欧盟化妆品协会（CE）、美国个人护理产品协会（PCPC）、日本化妆品工业联合会（JCIA）、韩国化妆品协会（KCA）、东盟化妆品协会（ACA）、澳大利亚卫生和化妆品及特品协会（ACCORD）等国际组织代表，以及相关地方协会、来自全国各地的会员企业代表共近500人参加会议。可以说，这次高规格的行业会议，为福建省日化行业发展带来了难得的市场机遇，极大地提升了福建日化产业的品牌效应。

李振辉不仅在"请进来"方面下足功夫，更带领福建日化企业积极"走出去"，进行行业交流。2018年10月，李振辉带领福建日化商会三十多家企业参加在青岛举办的五省一市日化联合会议，相互交流、虚心借鉴兄弟省市商协会的先进经验和创新理念。五省一市日化联合会议为福建日化行业创新发展提供了一个很好的学习交流平台，有力促进福建日化产业链从中低端向中高端迈进，真正实现福建省日化行业高质量发展。

附

青蛙王子感恩
二十五载

1994　集团创立。

1999　成功注册"青蛙王子"品牌，聚焦儿童护理行业。

2004　开始拓展海外贸易业务。

2005　推出第一部100集的青蛙王子动画片《青蛙王子》，开创差
　　　异化的动漫营销。

2007　"青蛙王子"品牌荣获"中国驰名商标"。

2008　成功收购美国两大知名品牌：Body & Earth、Green
　　　Canyon Spa。

　　　签约《星光大道》著名童星孔莹成为"青蛙王子"品牌代
　　　言人。

2010　推出第二部52集的青蛙王子动画片《蛙蛙探险队》。

2011　青蛙王子新工业园一期竣工投产。

　　　青蛙王子集团公司在香港联合交易所主板上市。

　　　签约陈慧琳成为"青蛙王子"品牌代言人。

董事长李振辉先生随中国商贸代表团访美。

2012 成功通过ISO22716及美国FDA关于《化妆品—良好操作规范》（GMPC）的认证。

青蛙王子网络官方旗舰店正式于天猫商城及京东商城开业。

2013 "中国儿童化妆品标准化研究基地"落户青蛙王子。

全国首家"华南理工大学应用化学系儿童化妆品科研基地"落户青蛙王子。

推出第三部52集的青蛙王子动画片《蛙蛙学校》。

推出大型动漫人偶剧《青蛙王子之魔法深渊》。

2014 青蛙王子新工业园整体竣工。

"全国关心下一代生活体验教育基地"落户青蛙王子。

"福建省中小学质量教育社会实践基地"落户青蛙王子。

2015 发布中国儿童日化行业第一个企业社会责任体系。

成为福建省首批观光工厂。

2016 《中国儿童护理蓝皮书》正式发布。

取得"两化融合管理体系贯标评定证书"。

2017 青蛙王子检测实验室荣获CNAS认可证书，检测项目达11项。

漳州市龙文区首个"妇女儿童合法权益巡回服务点"落户青蛙王子。

2018 签约当红明星贾乃亮成为青蛙王子"首席亲子宠爱官"。

"道路交通安全宣传教育基地"落户青蛙王子。

青蛙王子荣获中国洗涤用品工业协会授予的"中国洗涤用品行业质量奖"。

青蛙王子荣获中国香料香精化妆品工业协会授予的"中国香料香精化妆品行业社会责任奖"。

2019　"青蛙王子"品牌荣获大国品牌、中国广告协会授予的"新中国成立70周年70品牌"殊荣，成为福建省唯一入选"新中国成立70周年70品牌"的儿童护理品牌。

青蛙王子集团厦门办公楼正式启用。

青蛙王子集团洗护工厂可视数据监控中心揭牌成立。

青蛙王子集团荣获中国日化百强评选委员会授予的"中国日化百强"企业荣誉。

GONGYIHUODONG 公益活动

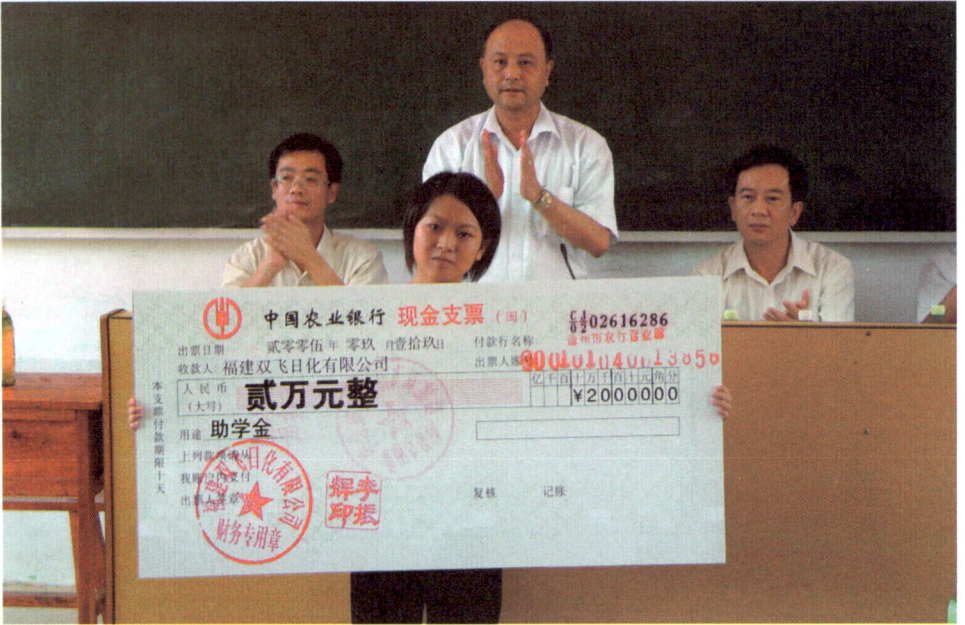

🌱 2005 年，为贫困学子捐资助学

🌱 2008 年，捐赠 50 万元为汶川灾区援建一所希望小学

2012 年，携手中华少年儿童慈善救助基金会，呼吁 "六一·半天假·爱心公约"

🌱 2012 年，携手知名育儿专家开展一系列公益大讲堂活动，一起探讨育儿及关爱儿童成长问题

🌱 2013 年，推出育儿书籍《你爱对了吗？》

🐸 2013 年，为山区小学捐赠爱心课桌椅

🐸 2013 年，组织全体员工为雅安灾区人民捐款

④

⑤

⑥

🐸 ① 2014 年，青蛙王子公益夏令营

🐸 ②③ 2015 年，青蛙王子公益夏令营

🐸 ④ 2016 年，青蛙王子公益夏令营

🐸 ⑤ 2017 年，青蛙王子公益夏令营

🐸 ⑥ 2018 年，青蛙王子公益夏令营

中国妇女发展基金会　青蛙王子鲁甸救灾物资

（国）日化有限公司
Daily Chemicals Co., Ltd.

中国妇女发展基金会　青蛙王子捐赠"守护童年"春节慰问物资

国）日化有限公司
Daily Chemicals Co., Ltd.

中国妇女发展基金会　青蛙王子援助

上 2014 年，为鲁甸灾区捐赠救灾物质

中 2015 年，携手中国妇女发展基金会为守护童年公益活动捐赠春节慰问物资

下 2016 年，携手中国妇女发展基金会为江苏盐城捐赠救灾物资

🐸 2017 年，为留守儿童捐赠爱心款

🐸 连续多年携手中国香料香精化妆品工业协会开展爱心书包捐赠活动

HEZUOGONGYING 合作共赢

洗护工厂可视数据监控中心

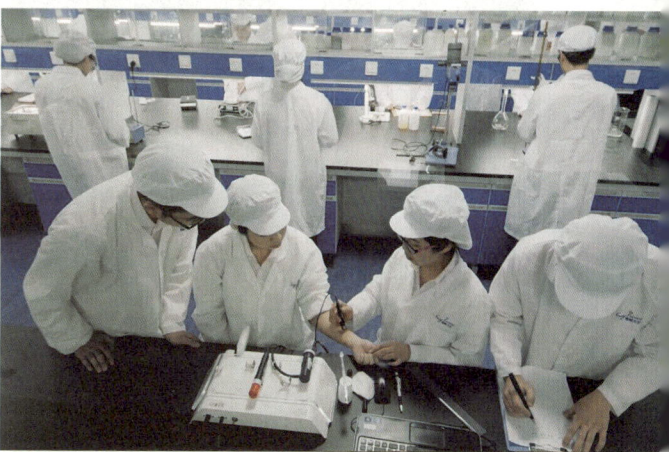

青蛙王子研发中心

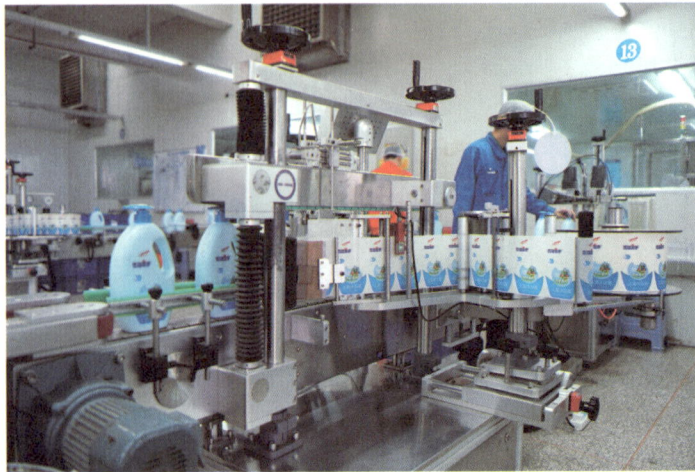

自动化生产线

机器人自动堆垛

上海美博会展位人头攒动

小朋友对青蛙王子的喜爱

市场活动

坚守匠心，共同成长

第二届包材供应商质量月启动大会

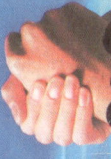

蒙牛王子（中国）日化有限公司

供应商大会

🐸 青蛙王子销售铁军

🐸 经销商峰会

🐸 中国婴童日化高峰论坛

🐸 供应商大会

QIYERONGYU 企业荣誉

2019 年，成为福建省唯一入选"新中国成立 70 周年 70 品牌"的儿童护理品牌

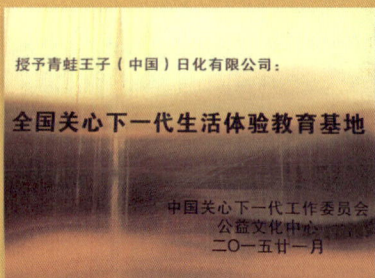

2014 年，"全国关心下一代生活体验教育基地"落户青蛙王子

2015 年，成为福建省首批观光工厂

2019 年，荣获"中国洗涤用品行业质量奖"

2016 年，取得"两化融合管理体系贯标评定证书"

2017 年，青蛙王子检测实验室荣获 CNAS 认可证书，检测项目达 11 项

2018 年，获评"中国日化百强"企业

2018 年，荣获中国香料香精化妆品行业年会秋实奖社会责任奖

通过美国食品和药品管理局《化妆品良好操作规范》（GMPC）的认证

🐸 2013 年，青蛙王子商学院揭牌成立

🐸 李振辉董事长亲自为管培生授课

🐸 青蛙王子商学院精英教师队伍

青蛙王子管培生拓展
训练

青蛙王子商学院

🐸 成立青蛙王子篮球队

🐸 成立青蛙王子乒乓球队

🐸 成立青蛙王子台球俱乐部

🐸 丰富多彩的企业文化活动

❀ 高温时节送清凉，关怀慰问员工

❀ 开放内部影院，丰富员工生活

李振辉董事长为员工发放新年开工大吉红包

率先在企业内部实行"六一半天假",让陪伴成为最长情的告白

每季度公司生育福利

❀ 情暖中秋，公司为全体员工发放中秋节福利

❀ "三八女神节"为女性员工送上暖心福利

青蛙王子中秋博饼大会

青蛙王子实验幼儿园